혼공

최상위권 학생들의 학습 비밀

SBS 스페셜 〈혼공시대〉
제작팀·홍주영 지음

지식플러스

추천사

코로나로 온라인 학습이 시작되면서 대한민국 대부분의 학부모가 '멘붕'에 빠져 있을 때 〈SBS 스페셜〉 제작팀이 저를 찾아왔습니다. '혼자 공부하는 법'을 몰라서 위기에 빠진 아이들과 절망에 빠진 부모들에게 도움을 주고 싶다는 말에 깊이 공감했기에 흔쾌히 프로그램 제작에 참여했습니다.

'혼공'은 코로나 등으로 인한 단기적 유행이 아닙니다. 아이들 공부에 있어서 '절대 명제'입니다. 첫째, 온라인 학습은 원래부터 확대되는 방향에 있었습니다. 코로나가 가속화했을 뿐, 큰 흐름은 이미 거스를 수 없는 대세였습니다. 둘째, 온라인/오프라인을 떠나 공부의 핵심은 본래 '혼자 공부하는 시간'입니다. 성적은 얼마나 좋은 수업을 많이 들었는가가 아니라, 그 수업을 어떻게 나 자신의 것으로 만들었는가에서 좌우됩니다. 모두가 어렴풋이 알고 있었지만 애써 집중하지 않았던 절대 명제인 혼공이 시대의 어려움 때문에 조명을 받게 됐으니 어찌 보면 학습 면에서는 다행한 일입니다.

그러나 우리가 혼공에 집중하지 않았던 그 시간만큼, 가정 안에서 혼공에 대한 오해와 혼란은 매우 컸습니다. 그중 가장 안타까웠던 것은 '우리 아이는 혼공이 안 돼'라는 부모님들의 너무 빠른 단정이었습니다. 자기주도학습 능력과 의지력이 있는 아이는 따로 있고, 매일 내 눈에 훤히 보이는 게으른 우리 아이는 '안 되는 아이'라고 단정하는 것이지요.

그렇지 않습니다. 아이들은, 학생들은 '몰라서 못 하는 것'뿐입니다. 혼공을 잘하는 학생들은 '알아서 하는 것'뿐입니다. 혼공은 아이들에게도 처음이고 생소한 영역입니다. 무엇을, 어떻게, 왜 공부해야 하는지 모르니 자기가 주도할 수 없고, 의지가 안 생기는 것입니다. 모르니까 아이고, 모르니까 학생입니다. 가르쳐주면 바뀝니다. 알면 할 수 있습니다. 어른들이 너무 쉽게 잊는 이 단순하고 강력한 사실, 이 메시지를 전달하는 것이 이 방송과, 이 방송에 참여한 저의 가장 중요한 사명이었다고 생각합니다.

방송에는 항상 선입견이 있었습니다. '보이는 것'에만 집중하는 제작 문화가 걱정됐습니다. 그러나 〈혼공시대〉는 달랐습니다. 촬영과 무관한 시간에도, 심지어 방송이 끝난 후에도 끝까지 아이들을 챙기는 작가님의 모습을 봤습니다. 그 노력을 단순히 높이 산다는 얘기가 아닙니다. 그만큼 이 책이 진정성 있고, 실제로 활용할 수 있는 내용이 여기 담겼다는 말입니다.

시대의 트렌드를 읽는 데 그치는 것이 아니라 앞으로 두고두고 계속 참고할 자녀 학습지도용 가이드를 원한다면, 추상적인 이론이 아니라 내 자녀와 똑같은 실제 학생들의 변화 비결과 생생한 통찰을 얻고 싶다면, 무엇보다 내 자녀가 당연히 변할 수 있다는 믿음이 있다면 이 책을 꼭 읽어보라고 말씀드리는 바입니다.

스터디코드 대표, **조남호**
(〈혼공시대〉 출연자, 학습법 전문가)

―――

코로나19가 가정과 학생들을 휩쓸어버린 시기에 그들에게 힘과 희망을 줬던 이야기가 오롯이 담긴 책입니다. 팬데믹은 위기이자 기회였습니다. 그로써 부모의 실체 없는 불안함과 사교육이 의도적으로 조장하는 조급함에 가려져 환상 정도로만 여겨졌던 자기주도학습 능력이 사실은 우리 아이들에게 꼭 필요한 핵심역량임을 모두가 알게 됐지요. 그 핵심역량이 무엇이고 어떻게 키워나가야 하는지를 제시하는 《혼공코드》와 함께라면 앞으로 무엇이 닥치든 스스로 공부하는 힘을 지닐 수 있을 것입니다.

노규식공부두뇌연구원 원장, **노규식**
(<혼공시대> 출연자, 정신건강의학과 전문의)

프롤로그

방법을 알면
혼자 공부할 수 있다

코로나19로 나라 전체가 방역 전쟁을 치르는 동안, 엄마들은 또 다른 전쟁을 치러야 했다. 하루 세끼 밥을 해대는 것보다 더 지긋지긋한 건 빈둥거리는 아이를 하루 종일 바라봐야 한다는 것이었다.

처음에는 엄마들도 그러려니 하는 마음으로 너그럽게 받아들였었다. '그래…, 학교를 안 가는데 공부가 되겠어?' '너네도 얼마나 답답하겠니.' 이렇게 아이들을 위로하고 스스로도 위안 삼으면서 사태가 진정되기를 기다렸다. 이제 막 중학생이 된 딸을 둔 나 역시 그랬다. 설레는 마음으로 중학교에 입학했는데 봄이 다 가도록 교복 한 번 입어보지 못한 채 고이 모셔둔 딸이 안쓰럽기도 했다. 그런데 휴교가 길어지고 온라인 개학을 하고, 온라인 수업이 계속되면서 이해심과 측은함은 점차 불안감으로 바뀌기 시작했고, 어느 순간 분노가 폭발하기도 했다. 아침부터 방문이 닳도록 아이 방에 드나들며 잔소리를 해야 겨우 잠에서 깨고, 수업을 받는답시고 컴퓨터 앞에 앉아 있기는 하는데, 이건 뭐 수업을 듣는 건지 조는 건지 도통 분간이 안 되고, 수업 끝나기 무섭게 또다시 침대와 혼연일체가 되는 아이를 곱게 봐줄 부모가 몇이나 될까?

　잔소리도 하고 윽박지르기도 해보지만 그때뿐이고 나아지는 것 없이 도돌이표의 연속이다. 그러다 보니 가뜩이나 사춘기에 들어선 아이와의 관계는 점점 더 멀어지고 전쟁이 돼버린 나날들…. 대한민국 학부모 대다수가 나와 같지 않았을까? 실제로 또래 아이를 둔 친구며 후배와 통화를 하다 보면 모두가 비슷한 고민을 하고 있었다. 지금 당장의 학습 과정에 구멍이 숭숭 뚫리는 것도 문제지만, 그동안 잡아놓은 생활습관과 공부습관이 무너지고 있다는 게 그보다 더 애간장을 태웠다. 엄마 입장에서는 그야말로 10년 동안 공들여 쌓은 탑이 눈앞에서 와르르 무너지는 것만 같았을 것이다.

　그렇다고 아이들이 놀기만 했을까? 컴퓨터 앞에서 멍하니 앉아 있으면서, 자기도 모르게 딴짓을 하면서 마음이 편했을까? 그렇지 않았을 것이다. 공부를 하긴 해야겠는데 학교를 안 가니 도저히 공부할 마음이 안 들고, 침대를 보면 자꾸만 눕고 싶고, 도저히 마음을 잡을 수 없다는 아이들의 항변 또한 일리가 있었다.

　SBS 스페셜 〈혼공시대〉는 나와 같은 고민을 하는 엄마들과 내 딸 같은 아이들을 위해 시작된 프로그램이었다. 사실 프로그램 기획 초기만 해도 코로나가 이 사달을 낸 것이라고 여겼었다. 코로나만 없었다면 모든 게 다 괜찮았을 거라고 생각했었다. 그런데 강남의 한 카페에서 만난 입시 전문가 조남호 코치의 답변은 의외였다.

　"코로나 시대에 아이들이 무너진 게 아닙니다. 엄마들이 이제야 아이들의 민낯을 본 것뿐이죠."

그리고 아이들의 생활습관과 공부습관이 이렇게 무너져버린 원인 또한 명쾌하게 분석했다. 바로 '혼자 공부하지 못하기 때문'이라고 말이다. 그러고는 이렇게 덧붙였다.

"그 누구도 우리 아이들에게 혼자 공부하는 법을 가르쳐준 적이 없습니다. 그러면서 혼자 공부하지 못한다고 비난하는 건 폭력 아닙니까?"

그 말을 듣는 순간, 머리를 한 대 얻어맞은 것만 같았다. 생각해보니 나 역시 혼자 공부하는 방법을 배운 적이 없다. 아이에게 알려준 적도 없다. 그러면서 혼자 공부하지 못한다고 열불을 내고, 언제까지 떠 먹여주고 관리해야 하냐고 속을 끓였다. ==혼자 공부하는 방법부터 가르치고 시작해야 했는데, 걷는 법도 제대로 못 배운 아이 손을 잡아당기며 뛴 셈이다.== 그게 어디 나 하나만의 이야기일까.

혼자서는 공부가 잘되지 않아 고민인 중학생을 모집한다는 글을 맘 카페에 올리자 엄마들의 신청이 쇄도했다. 그동안 교육 다큐멘터리 제작에 수없이 참여해왔지만 이런 뜨거운 반응은 처음이었다. 나만큼 답답하고 혼란스러운 부모가 한둘이 아니라는 방증이었다. 게다가 모집 대상이 중학생, 한창 예민한 나이 아닌가? 방송에 출연해달라고 읍소를 해도 여간해서는 자신을 드러내지 않는 게 그 또래 아이들인데 신청이 쇄도했다는 건 엄마뿐 아니라 아이도 현 상황을 답답해한다는 뜻이었다.

넉 달에 걸친 혼공 프로젝트는 그렇게 서막을 올렸다. 프로젝트에 참가한 아이들은 각자의 성향과 현재 상황에 대한 분석을 받고,

자신에게 맞는 공부법을 배우고 실천해나갔다. 그리고 놀랍게 변화하기 시작했다. 촬영 기간 내내 하루가 다르게 변해가는 아이들을 지켜보자니 무척이나 뿌듯했다. 더불어 부모로서 무지했던 나 자신을 되돌아보는 계기도 됐다.

==혼자 공부할 수 없는 아이는 없다. 단지 몰라서 못 할 뿐이다.== 정말이지 맞는 말이었다. 프로젝트를 진행하는 동안 많은 아이가 이 명제가 참임을 몸으로 증명해줬다.

〈혼공시대〉가 이토록 뜨거운 반응을 얻었던 건 미처 몰랐던 '공부의 본질' 그리고 '혼자 공부의 실체'를 깨닫게 해줬기 때문인 듯하다. 이 깨달음을 얻기까지에는 숨은 일등공신이 있다. 용기를 내 솔직하게 자신의 이야기를 들려준 정민, 앤디, 세윤이와 어머님들이 없었다면 학부모들의 공감을 끌어내지 못했을 것이다. 또한 아이들의 상황을 면밀하게 분석하고 아낌없이 아이들을 코치해준 조남호 대표의 열정과 노규식 박사님의 따뜻한 조언이 없었다면 불가능했을 프로젝트였다.

이미 세 편의 〈혼공시대〉를 통해 '혼공의 중요성'과 '혼공법'을 수차례 강조했지만 방송이라는 매체의 특성상 미처 다 소개하지 못한 전문가들의 주옥같은 이야기와 사례자들의 뒷이야기를 책으로 자세히 엮어내고자 한다. 다큐멘터리 〈혼공시대〉가 이 시대 부모들에게 '공부란 무엇인가'라는 화두를 던졌다면, 책은 혼공을 위한 실질적인 지침서가 됐으면 하는 바람이다.

마지막으로, 〈혼공시대〉 3부작이 끝날 때까지 적극적인 도움을 주신 〈SBS 스페셜〉의 최태환 CP, 물심양면 지원을 아끼지 않은 제작사 풀뿌리의 최정호 대표, 누구보다 따뜻한 시선을 가진 김우현 PD, 멋진 영상을 만들어준 신민철 PD, 불철주야 열심히 뛰어준 나아윤 PD, 박진성 PD, 그리고 프로그램의 가장 든든한 밑거름이 돼준 남예원 작가와 서은혜 작가에게 감사의 말을 전하고 싶다. 그리고 그 어느 때보다 필요한 시점에 〈혼공시대〉라는 작품을 기획할 수 있도록 영감을 준 딸 윤하에게 일하는 엄마를 늘 응원해줘서 고맙다는 말도 함께 전하고 싶다.

〈혼공시대〉 3부작 작가
홍주영

차례

📝 추천사　　5
📝 프롤로그 : 방법을 알면 혼자 공부할 수 있다　　9

Chapter 1
우리 아이가 혼공을 못 하는 이유

알고도 모르는 척했던 대한민국 교육의 현실　　18
- 학원주도 학습은 진짜 공부가 아니다　　22
- 엄마는 아이 대신 공부할 수 없다　　31
- 아이의 실력을 착각하게 만드는 선행학습의 늪　　37
- 혼공 능력이 실력을 좌우한다　　42
- 혼공하는 아이들은 축지법을 쓴다　　47
- 공부는 엄마가 아니라 아이의 몫이다　　50

조남호 코치's 혼공 Q&A　　53

Chapter 2
혼공 프로젝트가 필요한 아이

내 아이에게 필요한 혼공 솔루션　　60
- 혼공 능력을 좌우하는 5가지 요인　　62
- 코드를 알면 누구나 혼자 공부할 수 있다　　72
- 시도 때도 없이 유튜브에 빠져드는 아이　　80
- 최고로 성실하지만 혼자서는 집중을 못 하는 아이　　101
- 책상에는 붙어 있는데 성적은 안 나오는 아이　　117

Tip 혼공 능력은 전두엽에서 시작된다　　132
Tip 혼공 능력의 싹을 틔우는 엄마의 양육태도　　134

조남호 코치's 혼공 Q&A　　138

Chapter 3
명문대 학생들의 혼공법

명문대생 7인의 성적비법	152
▶ 혼공의 든든한 백그라운드, 주도적 시간관리	155
▶ 충동을 조절하는 방법, 체력과 집중력 관리	161
Tip 따로 또 함께, 친구와 혼공하는 방법	168
▶ 나를 돌아보는 방법, 멀티 플래너	172
Tip 나만의 혼공법을 찾아라	179
조남호 코치's 혼공 Q&A	181

Chapter 4
시크릿 혼공코드

혼공코드, 누구나 막연함 없이 공부하는 방법	192
▶ 시크릿 코드 1. 공부는 '학'과 '습'이다	194
▶ 시크릿 코드 2. 암기가 아니라 이해다	198
▶ 시크릿 코드 3. 과목별 why 학습법	204
▶ 시크릿 코드 4. 공부를 내 것으로 만드는 마법의 3시간	213
▶ 시크릿 코드 5. 죄책감 없는 휴식	216
▶ 혼공코드로 자기주도학습의 길을 열다	223
조남호 코치's 혼공 Q&A	230

🖊 에필로그 : 내 아이가 자책하지 않도록 지지해주기   237

Chapter 1
우리 아이가 혼공을 못 하는 이유

 **알고도 모르는 척했던 대한민국 교육의 현실**

아이들 교육 걱정, 성적 걱정이 하루 이틀 된 이야기가 아니고, 교육 제도와 정책에 대해 이런저런 말이 안 나온 적은 없지만 그중에서도 2020년은 각별했다. 훗날 '잃어버린 한 해'로 기억할지 모를 정도로 모든 부분에서 공백이 생겼고, 아무런 준비 없이 맞닥뜨린 코로나19는 학교도 학생도 혼란스러운 상황에 몰아넣기에 충분했다.

몇 번이나 개학이 연기되면서 신학기 준비로 한창 바빠야 할 무렵에 아이들은 집에 있어야 했고, 언제 개학을 할 수 있을지 예상조차 못 하는 채로 속절없이 시간만 흐르면서 아이들의 생활습관은 급격하게 무너졌다. 하루 종일 침대에서 뒹굴거리거나 게임기 앞에서 시간을 보내는 게 다반사. 더 이상 이런 상태를 방치할 수 없었기에, 그리고 학습 공백을 메

 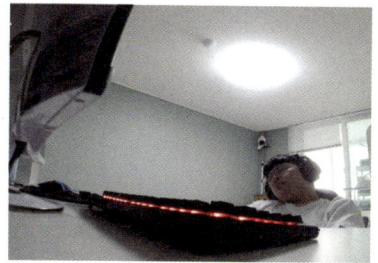 

온라인 수업으로 생활습관과 공부습관이 무너져버린 아이들

우기 위해서 교육부는 '온라인 수업'을 실시했다. 그러나 철저한 준비 없이 실행된 고육지책으로는 기대했던 효과를 내기에 역부족이었고 그동안 알고도 모르는 척 넘어갔던 문제점이 부각되기 시작했다.

아이들은 수업이 진행되거나 말거나 온라인 수업을 틀어놓고 꾸벅꾸벅 졸거나 딴짓을 하기 일쑤였다. 늘 선생님과 친구들에게 둘러싸여 공부하다가 혼자 하려니 지루해서 도통 집중을 못 하고 산만하게 왔다 갔다 하는 아이도 많았다. 당장 눈앞에서 아이들의 실상을 마주한 엄마들의 입에선 매일같이 속사포 같은 잔소리가 쏟아져 나왔다. 코로나19는 아이의 생활습관과 공부습관만 무너뜨린 게 아니라 부모자식 간의 관계마저 소원하게 만들었다.

그렇다면 공부에 관심이 없거나 뒤처져 있던 아이들에게서만 이런 현상이 나타난 것일까? 그렇지 않다. 줄곧 상위권을 유지했던 우등생조차 온라인 수업 앞에서 속수무책으로 무너져내렸다. '엄친아'에 모범생이던 아이가 갑자기 딴 아이처럼 변해버리고 말았다. 학교와 학원에서는 곧잘 수업을 따라가고, 의욕적으로 공부하는 듯 보였던 아이들이 단 몇 달 만에 이토록 달라져버린 이유는 무엇일까?

서울대학교 교육심리학과 신종호 교수는 온라인 학습이라는 새로운 교육환경에 아이들이 적응하지 못한 이유를 이렇게 진단했다.

"혼자 공부가 안 되기 때문이죠. 혼공이 안 되는 아이일수록 온라인 학습을 견디기 힘들었을 겁니다. 왜냐하면 '사회적 촉진 효과'가 일순간에 사라졌기 때문이죠."

서울대학교 교육학과 **신종호** 교수

외부 사람들의 시선과 기대, 사회적 환경의 영향으로 혼자 있을 때보다 집단 속에 있을 때 수행의 능률이 더 높아지는 것을 바로 '사회적 촉진 효과'라고 부른다.

우리 아이들이 스스로 공부하는 것처럼 보여도, 사실은 외부 사람들의 시선과 기대 때문에 '공부하는 것처럼' 보였을 뿐이라는 것이다. 칠판 앞에서 나를 지켜보는 선생님의 시선과 함께 공부하던 주변 친구들이 사라지니 비로소 원래의 문제가 수면 위로 떠오른 것이다. 지금까지 아이들은 사실 공부를 한 게 아니라 '공부하는 척'을 해왔는지도 모른다.

지금껏 아이들을 지탱해주던 사회적 촉진 효과는 한순간에 사라졌다. 주변의 시선 없이도 스스로 마음을 다잡고 책상 앞에 앉아야 하는 상황에 봉착한 것이다. 오롯이 혼자서 공부와 대면해본 적이 없는 아이들에게는 너무나 낯선 환경이다. 노도 돛도 없는 뗏목을 타고 망망대해를 헤매는 것처럼 막막했을 수 있다. 낯선 환경에서 단 한 번도 가보지 않은 길을 가야 하는 막막함, 그 막막함이 아이들을 무너지게 했고, 부모는 이제야 포장지가 벗겨진 아이들의 진짜 모습과 마주했다. 혼자서는 공부를 못 하는 아이를 혼자 하도록 이끄는 것, 이는 좋은 학원을 찾고 일타강사를 알아봐주는 것과는 차원이 다른 문제다.

사실 그 이전부터 어렴풋이 알고 있었을지도 모른다. 학원에 의존하고, 옆에서 일일이 아이의 공부를 관리하면서 '계속 이렇게 해도 될까? 남들이 다들 한다니까 하긴 하는데 이 방법이 맞을까? 오히려 이러다가 영영 혼자서는 공부를 못 하는 것 아닐까?' 하는 의심이 들기도 했을 것이다. 그러면서도 우선 당장은 아이가 잘 따라오는 것 같고, 놓아버리기도 불안해서 끌고 온 공부법의 결과가 결국엔 이처럼 선명하게 드러나버린 것이다. 그리고 이제 부모들은 그동안 외면했던 질문을 절박하게 던지기 시작했다. '내 아이는 왜 혼공이 안 될까? 어떻게 하면 혼자 공부할 수 있을까?' 하고 말이다.

문제 해결의 첫걸음은 문제가 있다는 것 자체를 인식하는 것이라고 했다. 혼공이 안 된다는 것을 알았다면, 그래서 그 원인을 찾아 개선하고자 하는 마음이 생겼다면 이미 절반은 성공한 셈이다. 현재 상황을 직시했다는 것만으로도 위기는 얼마든지 기회가 될 수 있다.

학원주도 학습은 진짜 공부가 아니다

매해 여름이면 전국 방방곡곡에서 대학입시 설명회가 열린다. 유명 입시 전문가가 초빙되면 수천 명의 인파가 몰리기도 한다. 그런데 수천 석을 꽉 채운 청중 대부분은 학생이 아니라 학부모다. 어쩌다 부모와 함께 온 학생이 있어도 설명회가 한 시간을 넘어가면 슬슬 졸기 시작한다. 각 대학별 입시전형과 출제의도, 평가기준이 공개될 때마다 눈을 빛내며 입시 전문가의 말을 하나라도 놓칠세라 열심히 받아 적는 이들은 학생이 아니라 학부모다.

대한민국에서 부모의 역할은 참으로 버라이어티하다. 아이를 낳고 먹이고 키우고 돌보는 데서 끝나지 않는다. 일단 교육이 시작되면 그때부터는 전혀 다른 세상이 펼쳐진다. 엄마는 열심히 학원 정보를 수집하고 아이를 학원가로 실어 나르면서 아이와 함께 이인삼각으로 대입시험을 준비하기 시작한다. 고등학교에 입학하는 순간,

학부모의 역할은 정점에 달한다. 입시정보를 하나라도 더 얻기 위해 발품을 팔고, 입시전형까지 줄줄 꿰는 건 당연히 부모의 몫이다. 그동안 우리가 너무나 당연히 여겨왔던 이 풍경이야말로 아이들의 자기주도성을 꺾어버린 대한민국 교육의 현주소다.

원하는 학과, 가고 싶은 대학에 관한 정보 수집은 물론이고 공부 자체도 아이에게 맡겨둔 적이 없다. 혼자서 할 수 있도록 내버려두지 않았다. 어릴 때부터 성적이 잘 나오도록 도와주고 관리할수록 좋은 대학에 진학할 수 있다고 엄마들은 믿었다. 상황이 이러한데 이제 와서 혼공을 해야 한다며 닦달하고 답답해하는 건 어불성설이다.

지난 수십 년간 대한민국 교육을 지배해온 건 혼공이 아니라, '학원주도 학습'이나 '엄마주도 학습'이었다. 대다수 엄마는 학원주도 학습을 선택했다. 아이를 학원에 보내놓고 공부를 하겠거니 하면서 덮어놓고 믿는 엄마도 있고, 여기서 더 나아가 좋은 학원, 좋은 선생을 찾아 학원과 과외로 도배를 하고 스케줄을 철저히 관리하는 엄마도 있다. 학원이나 과외에 아이를 그냥 맡겨둘 수 없다고 생각한 그 외 소수의 엄마들은 '엄마주도 학습'을 택했다. 내 아이 공부만큼은 내가 책임지겠다는 사명감으로 어려서부터 아이와 함께 학습계획을 짜고, 점검하고, 심지어 주요 과목을 직접 가르치면서 '나는 학원으로 애들 내돌리는 엄마와는 다르지'라며 자부심을 느꼈다. 하지만 그렇게 엄마가 공부를 주도한 아이들 역시 혼공 능력을 잃어버리기는 마찬가지다.

불안하다고 공부 주도권을 학원에 넘긴다면

새 학기가 시작되고 얼마 지나지 않아 열리는 학부모 총회. 교육열이 높은 지역에서는 총 학생 인원의 80~90%에 해당하는 엄마들이 총회에 참석한다. 직장맘도 월차를 내면서까지 참석하곤 한다. 학부모 총회야말로 학부모 네트워크의 시작이다. 그렇다면 기를 쓰고 이 네트워크 안에 들어가려고 하는 이유는 무엇일까? 바로 이곳에서 각종 정보가 교류되기 때문이다. 방학 때 아이가 어떤 공부를 했는지, 어떤 학원을 다녔는지 경험을 나누기도 하고, 주위에서 들은 좋은 학원 정보나 입시 관련 지식도 공유한다. 그러다 보니 교육과 입시, 학원에 대한 갖가지 정보를 꿰고 있는 엄마일수록 이 모임에서 인기가 좋다. 반면, 교육 정보에 어두운 직장맘들은 자연스럽게 서열에서 밀리거나 심지어 모임에서 소외되기도 한다. 좋은 학원, 특급 강사에 대한 정보를 얼마나 갖고 있느냐가 학부모 사이에서 서열을 결정지을 만큼, 대한민국 교육에서 학원이 차지하는 비중은 막강하다. 좋은 학원을 찾아서 등록해주는 게 부모의 역할이고, 또 유명 강사의 강의만 열심히 들으면 아이가 공부를 잘할 수 있을 거라고들 믿는다.

그런데 정말 그럴까? 그 믿음에 현실은 얼마나 부합할까? 현직 입시 담당교사(한양대학교 사범대학 부속고등학교) 윤윤구 선생님은 이런 엄마들의 믿음에 찬물을 끼

현직 입시 담당교사 **윤윤구** 선생님

없는다. 학원을 다닌다고 해서 기대한 만큼의 효과나 결과를 볼 수 없다는 것이다. 선생님의 말에 따르면 보통 아이들은 초등학교 4학년 때쯤부터 수학 학원에 다닌다. 그때부터 갑자기 수학이 어려워지기 때문이다. 엄마가 옆에 끼고 공부를 봐주기 어려운 시기가 시작되는 것이다. 자, 4학년 때부터 수학 학원에 다녔다고 가정을 해보자. 한 달 수강료는 적게 잡아도 20만 원, 1년이면 240만 원이다. 초등학교 4학년 때부터 고등학교 1학년까지 계속 학원을 다녔다고 치면 곱하기 7, 그러니까 1,680만 원이다. 이말인즉 고등학교 1학년 기말고사 수학 성적표가 1,680만 원짜리라는 소리다. 그런데 그 성적표를 받아든 순간, 엄마들은 대부분 충격에 빠진다. 7년이라는 긴 시간과 많은 돈을 투자했다면 최소한 80~90점 정도는 받아줘야 덜 억울할 텐데 현실은 그렇지가 않다. 그렇게 시간과 돈을 쏟아붓고도 50~60점대 점수를 받는 아이가 허다하다. 이게 어디 수학뿐이겠는가? 다른 과목도 별반 다르지 않다.

　시간과 돈을 투자한 만큼 성적으로 보상받지 못한다는 걸 뻔히 알면서도 부모는 아이를 학원에 보낸다. 학원에라도 가야 그나마 공부를 할 것이라는 믿음 때문이다. 아이가 커가면서 그 믿음에 몇 번이나 배신을 당하지만 쉽게 학원을 포기할 수는 없다. '그나마 학원에라도 다녀야 이 정도 성적이라도 유지할 수 있다'라는 불안감이 마음 깊이 자리 잡고 있기 때문이다. ==대부분의 부모는 학원이 보여주는 결과에 흡족해서가 아니라 불안감에 지기 때문에 학원에 보낸다.==

　실제로 학교도 학원도 가지 않고 온라인 수업만 하던 시기, 수많은 엄마가 아이의 진짜 모습을 목격했다. 분명 컴퓨터에서는 선생님

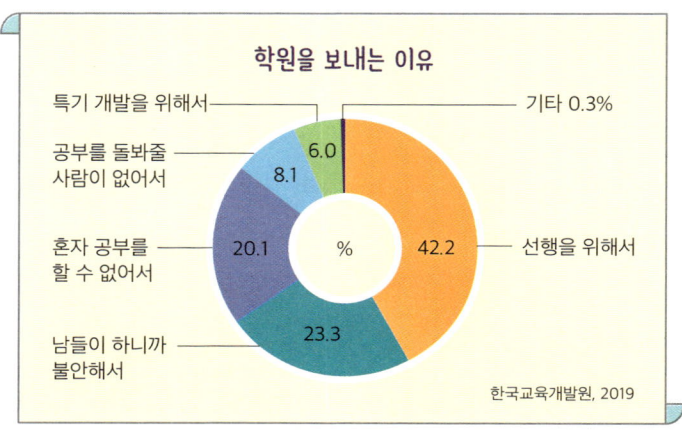

의 목소리가 흘러나오고 있지만 아이는 책상 앞에 앉아만 있을 뿐 멍하니 벽을 바라보거나 졸거나 딴짓을 했다. 그런데 엄마들이 간과하고 있는 사실이 있다. 온라인 수업에 집중하지 못하는 아이가 학교나 학원에서는 집중을 잘할까? 그렇지 않다. 똑같이 멍하니 칠판만 쳐다보고 있을 공산이 크다. 이는 곧 '학원에 간다'고 해서 아이가 '공부를 하고 있다'고 볼 수 없다는 의미이기도 하다. 학원=공부라는 공식이 성립하지 않는다는 뜻이다.

집에서 멍하니 있는 아이가 무슨 이유로 학원에 가면 제일 앞자리에 앉아서 똘망똘망한 눈으로 수업을 경청하면서 질문까지 하는 아이로 변할 수 있을까? 그건 부모의 기대이자 착각일 뿐이다. 물론 학원에 가면 도움이 되는 부분도 있기는 하다. 현장에서 듣는 강의가 훨씬 생생할 것이고 옆에 앉아 있는 친구들을 보면서 조금은 긴장하고 경쟁심도 느끼며 공부 의욕을 북돋울 수 있다. 하지만 그것

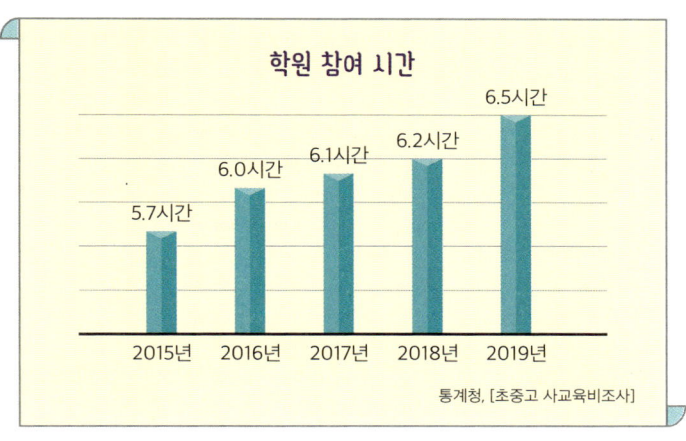

이 학습의 본질은 아니다. 긴장감과 경쟁심이 잠시 아이의 태도를 바꿀 수는 있어도 머릿속까지 바꿔놓지는 못한다. 몸은 통제할 수 있다. 하라는 대로 하는 것이 눈에 훤히 보인다. 하지만 머릿속에서 일어나는 일은 절대로 통제할 수가 없다. 아이들이 학원에서 보내는 시간은 해마다 늘어나고 있지만, 그것이 곧 아이들의 학력 증진을 의미하지는 않는다.

전체 공부시간보다 절대적 혼공 시간이 중요하다

'서울대 합격생 3,121명과 보통 학생의 공부시간'을 비교해놓은 다음 페이지의 그래프를 한번 보자. 첫 번째 그래프는 '전체 학습시간의 통계'인데, 그러니까 학교, 학원, 독서실, 인터넷 강의 등 공부

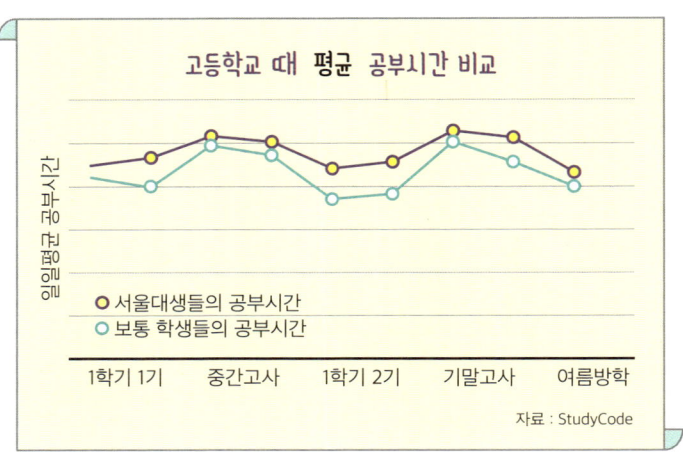

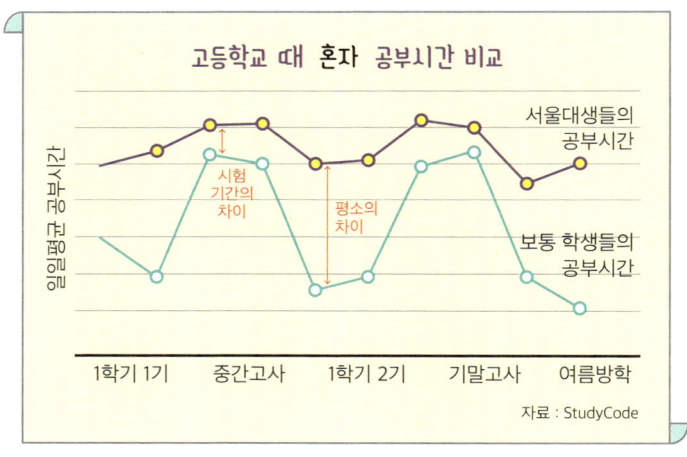

와 관련된 모든 시간을 합쳤을 때 나타나는 시간의 그래프다. 이는 '공부를 잘하는 학생은 그렇지 않은 학생보다 압도적으로 많은 시간을 공부할 것'이라는 통념을 보기 좋게 깨뜨린다. 최상위권 학생과 그 외 학생의 절대적인 공부시간은 크게 다르지 않았다. 사실 조금만 생각해보면 당연한 결과이기도 하다. 인간에게 주어진 자원 중 유일하게 공평한 것이 있다면 바로 시간이다. 공부를 잘하는 아이에게도, 그렇지 못한 아이에게도 똑같이 24시간이 주어진다. 대한민국 보통의 아이들은 학교 끝나고 학원이나 과외까지 하면 하루가 금방 지나가버린다. 일과를 마치면 이미 밤이기 때문에 정말 잠을 한두 시간밖에 자지 않고서는 남들보다 엄청나게 많은 공부시간을 확보할 수가 없다. 그렇기에 공부의 총량은 크게 달라질 수가 없다.

그렇지만 두 번째 그래프를 보면 두 그룹의 차이가 선명하게 보인다. 전체 공부시간은 크게 차이 나지 않았지만 '혼공' 시간은 크게 달랐다. 즉, 전체 공부시간에서 학원, 학교, 과외, 인터넷 강의 등 수업을 듣는 시간을 제외한, 순수하게 '혼자 책상 앞에 앉아 공부하는 시간'은 큰 차이를 보인 것이다. 보통 학생들은 시험기간에 벼락치기로 공부하느라 혼공 시간이 들쑥날쑥했지만 최상위권 학생들은 다소간 차이는 있지만 꾸준하게 혼공을 했다.

물론 서울대 합격생이라고 해서 학교 수업만 열심히 듣고 교과서로만 공부한 건 아니다. 그 아이들도 학원의 도움을 받았다. 하지만 공부시간 전부를 학원과 과외로 채우는 게 아니라 반드시 혼공 시간을 확보했다.

분명히 말하건대 학원은 보충학습 기관이다. 공부를 하다가 부족한 것이 생겼을 때 보충하는 기관이라는 뜻이다. 제아무리 유명한 학원에 다녀도, 일타강사의 모든 강의를 따라다니며 섭렵해도 혼자 공부하는 시간이 없다면 원하는 결과를 절대 얻을 수 없다. 학원이

주도하는 공부에는 한계가 있다. 혼자서 공부를 하다가 자신이 필요를 느낄 때 학원을 찾아야 하고, 학원의 필요성 유무도 스스로 판단할 수 있어야 한다. 그래야 효율적인 공부, 진짜 공부를 할 수 있다. 그저 몸만 왔다 갔다 하는 학원 공부는 심리적 위안은 될 수 있을지언정 제대로 된 공부라고 할 수 없다.

엄마는 아이 대신 공부할 수 없다

학원에 간다고 해서 공부를 제대로 하는 게 아니라는 걸 일찌감치 깨닫고 '엄마표'로 아이를 직접 관리하는 열혈 엄마들도 있다. 아이의 스케줄을 관리하고 어떤 것을 얼마만큼 공부하라고 시키고, 아예 옆에 끼고 앉아서 함께 공부하면서 가르치는 엄마들. 이런 엄마들의 존재는 통계자료로도 확인할 수 있다. 특히나 온라인 개학을 한 2020년도에는 엄마의 관리, 감독 시간이 꽤 길다는 것을 눈으로 직접 확인할 수 있었다. 한국교육학술정보원에 따르면 가정 내에서 학습을 지원하는 사람은 부모이고, 부모의 교육시간은 일주일 평균 여덟 시간을 넘긴다.

그러나 '엄마표'가 통하는 시기는 초등학교 때까지뿐이다. 아이가 어릴 때는 엄마의 밀착관리가 확실히 아이의 성적으로 이어지지만, 학년이 올라가면 엄마가 공들여 쌓은 탑은 하나둘 무너져 내리

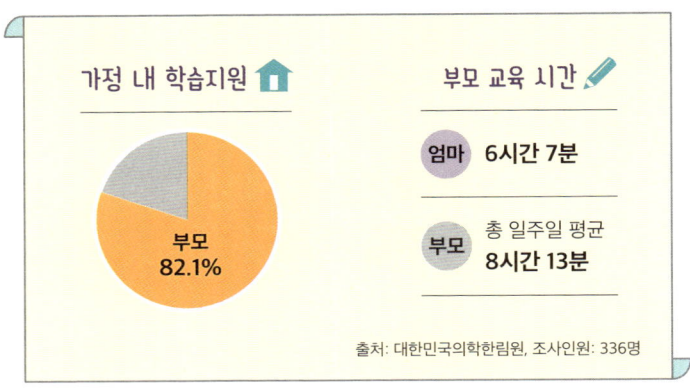

기 시작한다. 여기에는 몇 가지 이유가 있다.

첫째, 보통 엄마들은 아이가 중학교 1학년, 2학년을 넘어가면 못 가르친다. 물론 해당 과목을 전공한 엄마도 있겠지만, 그럼에도 가르치기는 어렵다. 예전의 학력고사 그리고 수능 초기 때와 지금의 수능 문제는 구조 자체가 많이 다르기 때문이다. 완전히 다르게 접근해야 하는데 이전과 똑같은 방식으로 생각하고 아이들을 가르쳐봐야 오히려 부작용이 날 수밖에 없다.

둘째, 부모가 잘 가르쳐도 문제다. 아이가 거기에 길들어버리기 때문이다. '엄마가 가르쳐주는 게 가장 좋아. 엄마 없으면 공부 못 하겠어'라는 말을 들으면 잠시 뿌듯할 수는 있겠지만, 이 말인즉슨 내 아이는 내가 떠 먹여주는 밥만 먹을 수 있다는 뜻이다. 엄마가 없으면 아무것도 못 한다. 매사 부모에게 의존하다 보면 자율성, 독립성, 사고력은 물론이고 아이 스스로 공부하는 힘을 잃는 결과가 초래된다.

셋째, 부모 자식의 특수한 관계가 일관성을 해치기 때문이다. 아내가 남편에게 운전을 배우기 어려운 이유와 똑같다. 부부간에 운전을 가르치고 배우다 보면 감정싸움이 심해진다. 감정을 배제하고 한발 떨어져서 객관적으로 가르쳐야 하는데 가족 같은 특수한 관계에서는 그러기가 극히 어렵다. 그래서 부모가 아이를 가르치다 보면 순간순간 울컥 답답함과 짜증이 치민다. 참아야지 싶다가도 "너는 이것도 몰라?" 하는 소리가 절로 나온다. 그런데 그렇게 한바탕 화를 내고 나면 아이가 안쓰럽다는 생각이 스멀스멀 생겨난다. 공부가 뭐라고 아이에게 이렇게 화를 내나 싶은 자책감도 몰려온다. 그래서 아이에게 "그래, 공부가 전부는 아니지. 너는 다른 장점이 많으니까 괜찮아" 하는 순간, 아이는 혼란스러워질 수밖에 없다. 어느 장단에 맞춰야 할지 알 수 없어지기 때문이다. 교육에 있어서 일관성은 매우 중요하다. 그런데 부모와 자식은 감정을 공유하는 사이라서 이 일관성을 유지하기가 매우 어렵다. 득보다 실이 많을 수밖에 없다.

마지막으로 넷째, 학원주도 학습과 똑같은 이유에서 엄마주도 학습은 진짜 공부가 아니다. 공부는 아이의 머릿속에서 일어나는 일이기 때문에 스스로 배우겠다는 의지가 가장 중요하다. 아무리 엄마가 공부를 잘 가르쳐도, 아이를 24시간 관리해도, 아이의 머릿속까지 완벽하게 통제할 수는 없다. 공부는 가르치지 않고 시간관리와 생활관리만 한다고 항변하는 엄마도 있을지 모른다. 그것마저 안 하면 애가 어떻게 되겠느냐고 불안감을 토로하는 엄마도 있을 테다. 하지만 핸드폰을 빼앗고 몇 시간 동안 어디서부터 어디까지 풀라고 시킨다고 해도 아이는 그 시간에 오롯이 공부하지 않는다. 스스로 공부해야겠다는 필요성을 느끼고 의지를 갖지 않는다면 말이다. 결국 공부에 대한 내적 의지가 없다면 제대로 된 공부를 하고 있다고 볼 수 없다.

결론적으로 엄마주도 학습 역시 정답은 아니다. 시험장에 들어가는 건 결국 아이 혼자고 거기까지 엄마가 따라 들어갈 수는 없다. 그렇기에 아이가 혼자 공부할 수 있도록 하루라도 빨리 독립시키는 것이 아이를 입시에서 성공시키는 방법이자 엄마의 역할이다.

입시 전문가이자 오랫동안 다양한 사례와 이론을 연구한 공부법 전문가인 조남호 코치는 양육이나 인성에 대해서는 잘 모르지만 본질적으로는 공부와 통하는 부분이 있다면서 이렇게 말한다.

"양육에 있어서 엄마의 역할이 뭘까요? 이 험한 세상에 아이를 내보내기 전에 완벽한 스펙을 차곡차곡 쌓아주는 것을 양육이라고 생각했다면, 이제 엄마의 역할에 대한 근본적인 정의부터 바꿔야 합니다. 그건 양육에 대한 정의가 아닙니다. 아이를 잘 키운다는 것은 하루라도 빨리 아이를 독립시키는 것입니다. 하루라도 빨리 자립할 수 있는 성인으로 만드는 것입니다. 어렸을 때 아이들 배변 교육, 어떻게 했나요? 지금은 아이가 어리니까 내가 도와주지만 하루라도 빨리 혼자 볼일을 볼 수 있게 자립시켜야지 하지 않나요? 일단 배변이 중요하니까 초등학교 3학년이

공부법 전문가 **조남호** 코치

되든 초등학교 5학년이 되든 내가 도와줘야지 하는 부모는 없습니다. 그런데 공부는 왜 그게 안 될까요? 공부도 똑같습니다."

초등학교 때까지는 엄마가 아이 공부를 도와줄 수 있다. 하지만 그때부터 서서히 아이가 혼자 공부할 수 있도록 준비를 시켜야 한다.

아이에게 공부 주도권을 돌려주는 방법

이제 학원도 부모도 아이의 공부를 대신할 수 없으며 오직 아이 스스로 공부할 때에만 원하는 결과를 얻을 수 있다는 것을 잘 알았을 것이다. 아이의 공부에서 한 발 물러서야 한다. 그런데 아이에게 공부 주도권을 돌려주기로 단단히 결심했다고 해도 고비는 찾아오기 마련이다. 처음부터 성에 찰 수가 없기 때문이다. 이때는 다음 두 가지를 명심하기 바란다.

첫째, 실패해도 기다려줘야 한다. 아이가 혼자 공부할 수 있도록 해야겠다고 마음먹어놓고도 막상 아이를 보면 계획을 세우는 것도 공부를 하는 것도 뭔가 어설퍼 보일 때 엄마들은 잘 참지 못한다. 당장 코앞에 닥친 시험이 걱정되면서 또다시 아이 공부에 손을 대기 시작한다. 그러면 또 엄마주도 학습으로 돌아가버리고 만다. 끝도 없는 도돌이표에 아이는 중학교, 고등학교에 가도 스스로 공부할 수 없게 돼버린다. 우선 당장은 답답하고 초조하더라도 아이가 홀로 설 수 있도록 기다려줘야 한다.

둘째, **아이의 매니저나 관리자가 아니라 지지자가 되어야 한다.** 부모는 아이를 믿어줘야 한다. 그런데 많은 부모가 조급한 마음에 아이를 닦달하고 추궁하면서 아이에게 '나는 안 되는 사람인가 봐' 하는 생각을 심어준다. 자책하고 포기하고 단정하게 만든다. 아이들은 그 무엇보다 부모의 믿음과 지지를 받을 때 성장하고 홀로 우뚝 설 수 있다. 오히려 아이가 자책할 때 "네가 못나서가 아니야, 네가 몰라서 그래. 혼자 공부하는 방법을 배우고 습관을 만들어가면 돼"라고 격려해줘야 한다.

뉴스 기사나 인터넷을 보면 대학생이 돼서도 수강 신청부터 동아리 활동, 스펙 쌓기까지 엄마의 도움을 받고, 사회에 나가서도 엄마의 손길을 원하는 덜 자란 성인의 모습을 종종 볼 수 있다. 그걸 보며 '내 아이도 저렇게 키워야지'라고 생각할 부모는 없다. 아이가 너무 서툴고 불안해 보이고 저러다 실패를 경험하고 좌절할까 걱정도 되겠지만, 그럴수록 아이가 자립할 수 있도록 물러서서 지켜보고 기다려주고 믿어줘야 한다. 아이는 실패하면서 그다음에는 어떻게 해야 하는지 스스로 생각하고 혼자 공부하는 방법을 터득해나간다. 시행착오를 겪어야 제대로 된 길을 찾을 수 있다. 처음부터 아예 실패할 기회를 차단해버리면 절대 홀로 설 수 없다.

아이에게 조언을 해줄 수는 있다. 하지만 일일이 참견하고 간섭해서는 안 된다. 공부에 있어서 초보 운전자인 아이에게 방향과 길을 알려주는 네비게이션 역할을 해야지, 운전대를 빼앗고 좌지우지해서는 안 된다는 뜻이다.

아이의 실력을 착각하게 만드는 선행학습의 늪

◆ 초등학교 5학년에 재학 중인 재원이는 얼마 전부터 학원에서 중학교 수학과정을 배우기 시작했다. 중학교에 가면 수학에 어려움을 겪는 학생이 많고, 수학을 잘하느냐 못하느냐에 따라서 직업과 인생이 결정된다는 무시무시한 말을 들었기 때문이다. 수학은 다른 과목과 달리 절대 벼락치기가 통하지 않으니 미리미리 준비해둬야 한다는 말도 선행학습을 결정하는 데 한몫했다. 하지만 재원이는 아무리 수업을 들어도 도무지 이해가 안 된다며 엄마에게 고민을 토로했다. 엄마로서도 어떻게 해야 아이를 도와줄 수 있을지 알 수 없었고, 답답한 마음에 상담을 해보려고 학원 선생님에게 전화를 걸었다. 그런데 학원 선생님의 대답은 재원이와 엄마에게 전혀 해결책이 되지 않았다.

"한 번 수업 들어서 중학교 과정을 완벽하게 이해하는 초등학생은 거의 없어요. 처음 배울 때는 50%만 이해해도 돼요. 그리고 두 바퀴를 돌면 70%, 한 세 바퀴쯤 돌아야 100%를 이해하게 돼죠."

아이는 중학교 수학이 너무 어렵다면서 매일 짜증을 내는데, 학원 선생님은 다들 그런 거라면서 대수롭지 않게 여기니 엄마 입장에서는 학원에 보낼 수도 안 보낼 수도 없는 상황이 되고 말았다.

실제로 학원에 다니는 아이들 대부분이 재원이처럼 선행코스를 밟는다. 심지어 특목고를 목표로 하는 아이들은 초등학교 6학년 때부터 벌써 고등학교 수학과정을 배우기도 한다. 이렇게 다들 앞서 배우려고 안달인데, 과연 선행학습은 얼마나 효과가 있는 걸까?

본인 스스로도 뒤늦게 공부를 하기 시작해서 서울대학교 컴퓨터공학과를 나온 조남호 코치의 말에 따르면 선행학습이야말로 학원이 만들어낸 가장 기발한 마케팅이다. 옆집 아이는 이미 진도를 다 나갔는데, 우리 아이만 선행을 하지 않으면 이미 300쪽, 600쪽, 900쪽이 뒤처져 있는 것 같기 때문에 그런 말을 들으면 어쩔 수 없이 불안감이 엄습해온다. 학원은 레벨테스트를 통해 아이들을 서열화하고 선행학습이 안 된 아이들은 아예 수강신청을 받지 않고 잘하는 아이들만 받아주면서 엄마들에게 공포심을 조장한다. 지금 선행열차에 타지 않으면 영원히 뒤처질 수밖에 없다는 신호를 주는 것이다. 결국 엄마들은 아이가 수업을 따라가든 못 따라가든 열차의 꼬리 칸이라도 붙잡기 위해 선행 열차에 기꺼이 올라타곤 한다.

📝 공부는 속도전이 아니다

아이가 원해서도 아니고, 아이가 공부하다가 궁금한 것이 생겨서 필요를 느낀 것도 아닌데, 그저 막연한 불안감 때문에 선행학습을 하고 있다면 지금이라도 당장 그 열차에서 뛰어내려야 한다.

<mark>빠른 것은 전혀 중요하지 않다. 공부는 속도가 아니라 깊이이기 때문이다.</mark> 겉을 세 번 판다고 해서 지식은 깊어지지 않는다. 삽을 들고 한곳을 파고 또 파야지, 겉에 있는 잡초만 세 번 걷어낸다고 해서 구덩이는 깊어지지 않는다. 그래서야 어떤 나무도 심을 수가 없다.

현행 과정을 완벽하게 이해한 최상위권 학생이라면 한 학기 정도 앞서가는 선행은 도움이 될 수 있다. 하지만 대부분의 학생에게 선행은 전혀 도움이 되지 않는다. 차라리 지난 학기에 배웠던 것을 파고 또 파서 확실하게 이해하는 것이 낫다. 선행을 해봤자 이해해서 내 것이 되지 않는다면 공부를 한 것 같은 기분만 들어서 오히려 겉넘게 되고 공부 피로감만 쌓일 뿐이다.

선행학습은 다른 사람이 축구공을 몰고 가는 것을 지켜보면서 마치 자신이 공을 차고 가는 것처럼 착각하는 것과 같다. 그런 착시효과에 빠져서 자신의 실력을 망각하는 오류를 범할 가능성이 크다. 공부를 잘하려면 선행보다 복습에 집중해야 한다는 사실은 이미 다양한 조사 결과에서도 밝혀진 바 있다.

서울대학교 입학생과 일반 고등학생을 조사한 결과에 따르면, 서울대학교 합격생이 대입에서 뛰어난 성적을 거둔 비결은 선행학습이 아니라 깊이 있는 복습이었다. 이들이 방학 기간에 무엇을 공부

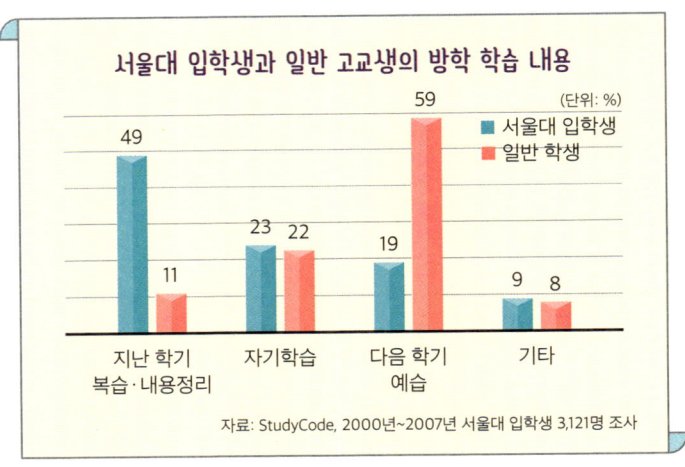

했는지에도 큰 차이가 있었다. 서울대학교 입학생들이 지난 학기 복습에 많은 시간을 투자한 반면, 일반 학생은 선행학습과 예습에 치중했다. 공부는 속도가 아니라 깊이라는 게 다시 한번 입증되는 지점이다. 남보다 진도를 앞서나가는 선행학습 경쟁으로는 깊이 생각하는 능력을 기르기 어렵고, 이는 고스란히 결과로 드러난다.

이 조사에서도 알 수 있듯이 서울대학교 입학생은 절반가량의 시간을 복습에 투자했다. 그 이유로, 선행학습을 너무 많이 하면 정작 수업이 재미없어지고 집중하기도 힘들다며 선행을 하더라도 교과서를 한 번 죽 읽어보는 정도면 충분하다고 입을 모았다.

빨리 가면 남들보다 앞설 수 있을 것으로 여긴다. 얼핏 생각하면 지극히 합리적으로 보일 수 있다. 하지만 진짜 공부는 그런 식으로 이뤄지지 않는다. 앞서가더라도 반 발짝 정도 앞서서 예습을 하는 정도면 충분하다. 남들보다 열 발자국 앞으로 나아간들 거기서도 헤매고 여기서도 헤맨다면 오히려 돌아올 길마저 잃어버릴 수 있다. 지나친 선행은 혼자 공부하는 능력을 잃게 할뿐더러 아이에게 좌절감을 안겨주고, 급기야 아예 공부에 대한 흥미를 잃어버리게 하는 최악의 결과를 낳는다.

학원과 엄마에게 이끌려 선행을 지속해온 아이들은 '백지상태'의 아이들보다 오히려 혼공을 시작하기 어려워한다. 이유인즉 주입식 교육에 오랫동안 길들었기 때문이다. 결국 선행이 초반에는 반짝 성과가 나는 것처럼 보여도 길게 보면 오히려 독이 된다는 것이 전문가들의 공통된 의견이다. 결국 공부란 얼마나 일찍 달리기를 시작했느냐, 어디까지 달렸느냐 하는 것보다 혼자서 달려나갈 수 있는 힘의 유무에 따라 그 성패가 갈린다.

혼공 능력이 실력을 좌우한다

온라인 개학과 수업으로 인해 학습 공백이 장기화되면서 누구보다 애를 태웠던 건 고3 수험생과 그들의 부모였다. 수능을 앞두고 가장 중요한 시기인 3학년 1학기의 절반을 날려버렸을 뿐 아니라 등교와 휴교가 반복되면서 마음을 다잡기 힘들었을 것이다. 교육계에서도 고3 수험생 전반의 학력 저하를 우려했었다. 그러나 예상과 현실은 조금 달랐다.

2020년 6월 모의고사에서 중위권의 비율은 현저히 줄어든 반면, 최상위권 비율은 오히려 높아졌다. 최종결과 격인 수능에서도 이러한 현상은 마찬가지였다. 절대평가 방식이 도입된 영어 영역에서 1등급 학생의 비율은 12.66%로 지난해 수능보다 7.43%나 늘어났고, 또 다른 절대평가 과목인 한국사 영역 역시 1등급 비율을 받은 학생이 지난해보다 14%나 증가했다. 최상위권은 이 혼란스러운 상

영어 영역 등급별 비율 (%)

등급	2019년 수능	2020년 6월 모의고사
1	7.43	8.73 ▲
2	16.25	12.12 ▼
3	21.88	16.65 ▼
4	18.48	16.03 ▼
5	12.27	12.53 ▲
6	9.21	10.59 ▲
7	7.37	9.15 ▲
8	5.24	9.11 ▲
9	1.87	5.08 ▲

출처 : 한국교육과정평가원

혼공을 못 하는 중위권의 몰락을 보여주는 모의고사 결과

황에서도 조금도 흔들리지 않았다.

어떻게 이런 결과가 나온 것일까? 비밀은 혼공 시간에 있었다. 등교와 학원 수업이 정상적으로 이뤄지지 않는 상태에서 아이들에겐 자습시간이 늘어났다. 상위권 학생들은 늘어난 자습시간에 자신에게 부족한 공부를 찾아서 했을 것이다. 위기 속에서 상위권 학생들은 오히려 효과적인 학습을 했고, 중위권 학생들은 이전까지 받던 관리나 통제, 혹은 타인의 도움이 줄어들면서 하위권으로 떨어진 것이다. 많은 사람이 '학력 저하'를 우려했지만, 결과적으로 나타난 것은 학력 저하가 아니라 '학력 격차'였다. 공부를 잘하는 아이는 더 잘하게 되고, 그렇지 않은 아이들은 실력이 더 떨어지고 말았다.

현직에서 10년 이상 입시지도를 해온 윤윤구 선생님에 따르면 중위권이 무너지는 이러한 현상은 비단 이번에만 일어난 특이한 사

례가 아니다. 몇 년 전부터 꾸준히 발생해온 현상이고 학년이 올라갈수록 상위권과 중위권, 하위권의 격차가 커진다고 했다. 그리고 수능 직전에는 그 격차가 극심해지는 현상이 매년 반복되고 있다고 한다. 지금까지 혼공을 해오고, 할 수 있는 아이들은 결승선이 가까워질수록 자신에게 부족한 부분을 찾아 메꾸면서 점점 더 좋은 성적을 내지만, 그동안 학원이나 여타 사교육, 엄마주도 학습에 길든 아이는 점점 성적이 떨어지는 것이다. 결국 자기주도적으로 혼공할 수 있는 아이만이 입시라는 결승점에서 웃을 수 있다. 혼자 공부할 수 있는 아이는 어떤 상황에서도 흔들리지 않고, 결승점이 가까워질수록 명문대에 진학할 확률을 스스로 높여간다.

합격을 좌우하는 혼공 능력

〈혼공시대〉 제작진은 실제로 대입에서 무엇이 가장 중요한지를 알아보기 위해 명문대학교 재학생 일곱 명을 만나서 심층적인 대화를 나눴다(자세한 이야기는 3장에서 다루었다). 그런데 그중 어느 누구도 합격의 비결로 좋은 학원, 일타강사를 꼽지 않았다. 어린 시절에는 부모의 도움을 받기도 했고 또 어느 정도는 도움이 필요하다고 생각하는 학생도 있었지만, 부모의 관리, 감독에 기대서 하는 공부에는 한계가 있다고 입을 모았다.

공부를 할 때는 자신이 뭘 알고 뭘 모르는지를 깨닫는 것이 가장 중요한데 부모가 관리를 해준다고 해서, 학원에 간다고 해서 그것을

<혼공시대>가 만난 명문대생 7인

깨닫게 되지는 않는다고 했다. 결국 공부는 남이 아닌 자신이 해야 한다는 의미다. 사실 중학교 때까지는 하라는 대로 하면 성적이 잘 나오기 때문에 부모의 관리나 학원이 도움이 될 수 있지만, 고등학교에 올라가고 학년이 높아질수록 스스로 개념을 파고드는 것이 절대적으로 중요해진다. 단순 암기로는 절대 좋은 성적을 거둘 수 없다. 더구나 수시를 준비할 때는 나에게 어떤 스펙이 필요한지 점검하고 그에 따라 활동을 찾아서 하고, 그 이후에 무엇을 느꼈는지가 매우 중요한데 이 역시 혼공 능력이 없으면 실천하기 어려운 영역이다.

고등학교 때까지가 끝이 아니다. 사실 대학에 가면 모든 공부나 활동을 스스로 알아서 해야 한다. 그러지 않으면 따라갈 수가 없다. 해당 분야의 방대한 내용 중 어떤 것을 더 알아야 하는지 무엇을 더 파고들어야 하는지 자료를 찾고, 살펴보고, 정리해서 자기 생각을 말할 수 있어야 대학에서 좋은 성과를 낼 수 있고, 그것이야말로 학문하는 사람의 기본 자세이기 때문이다. 입시만이 아니라 뭐든 공부에는 결국 '혼공'이 필수라는 이야기다.

아무리 많은 내용을 보고 들어도 결국에는 혼공을 해야 공부한 내용을 내 것으로 만들 수 있다. 입시에서도 그 이후의 삶에서도 혼공 없는 공부는 수박 겉핥기가 될 수밖에 없다.

혼공하는 아이들은 축지법을 쓴다

◆ "우리 아이가 초등학교 때까지는 이러지 않았어요. 초등학교 때는 영재라고 선생님한테 칭찬도 많이 받았거든요. 그런데 중학교 와서 갑자기 공부에 흥미를 잃은 거 같아요. 친구를 잘못 사귄 걸까요?"

초등학교 6년 내내 반장을 놓치지 않고 우등생, 모범생 소리를 들었는데 중학교에 들어가서 소리 소문 없이 사라지는 아이들을 쉽게 볼 수 있다. 중학교에서 고등학교에 올라가면 이 현상이 다시 한번 반복된다. 줄곧 좋은 성적을 내던 아이들의 성적이 갑자기 하락하는 것이다. 왜 초등 성적이 고등학교 때까지 이어지지 못하는 걸까?

학년이 올라갈수록 혼공 능력이 성적을 좌우하기 때문이다. 다시 말하지만 엄마가 열심히 끌어주고 밀어주는 만큼 성과가 나는 것은 초등학교까지이며 일타강사가 족집게처럼 집어주는 내용을 받아먹는 것으로 성적을 내는 것은 중학교 때까지다. 고등학생이 되면 아이 스스로 고민하고 생각해서, 배운 것을 자기 것으로 소화해야 한다. 즉, 혼자 공부할 수 있느냐 없느냐에 따라 성적표가 달라진다. 세간의 말마따나 초등 성적은 '엄마 성적', 중등 성적은 '학원 성적', 그리고 고등학교 성적이야말로 진짜 '학생 성적'이다.

혼공이 안 되는 아이들은 공부량이 많아지는 시기가 되면 도태되기 시작한다. 특목고 진학생 중 상당수가 자퇴를 선택한다는 사실은 엄마들 사이에서 이미 공공연한 비밀이다. 학교 수업을 따라가지 못하거나 내신 성적이 바닥권을 벗어나지 못하자 일반고로 되돌아가는 아이들, 그 아이들에게는 공통점이 있다. 중학교 때까지는 학원과 엄마 주도로 열심히 달려서 특목고에 입학하지만 혼자 공부하는 능력이 부족하다 보니 특목고의 방대한 공부량을 따라가지 못하는 것이다.

이와 정반대의 사례도 있다. 중학교 때까지는 그다지 주목을 받지 못했지만 고등학교에 와서 갑자기 성적이 뛰어오르는 아이들. 그런 아이들은 한번 뛰기 시작하면 무섭게 튀어 오른다. 어려서부터 엄마주도 학습과 학원주도 학습에 길든 아이들은 이런 이른바 '갑툭튀'를 도저히 이길 수 없다. 그 아이들의 가장 강력한 무기가 혼공이기 때문이다. 혼공은 일종의 축지법이다. 다른 아이들이 1미터를 달릴 때 혼공하는 아이들은 100미터를 달릴 힘을 가지고 있다. 비록 출발이 늦었어도 최종 결승점에서는 승자가 될 수 있는 마법과도 같은 힘, 그것이 바로 혼공 능력이다.

혼공, 자기주도학습 능력은 결코 아름답고 이상적인 말이 아니다. 현재 대입에서 가장 실용적인 공부법이자 반드시 갖춰야 할 필수조건이다. 우리 아이가 공부해서 성공하는 것을 보고 싶다면 자기주도적으로 공부할 수 있도록 변화를 격려해야 한다. 조남호 코치는 이렇게 말한다.

"우리 애는 그런 성향이 안 되니 엄마가 이끌어줘야 해요. 우리 애는 혼자서 공부를 잘 못하니 학원에 보내야 할 것 같아요. 그렇게 생각하면 안 됩니다. 내 아이가 혼공이 안 되고, 학원에 길들어 있다면 지금부터라도 시간을 투자해서 내 아이를 혼자 공부할 수 있는 아이로 바꿔야 합니다."

입시를 치러야 하는 현실적인 입장에서 혼공은 옵션이 아니라 필수다.

공부는 엄마가 아니라 아이의 몫이다

 몇 년 전 대한민국을 뜨겁게 달군 화제의 드라마가 있었다. 대한민국 상위 0.1%가 모여 사는 스카이캐슬에서 벌어지는 사교육 전쟁, 자식을 명문대에 보내기 위해 욕망의 전차에 올라탄 부모의 이야기는 시청자의 열렬한 반응을 얻으며 연일 높은 시청률을 기록했다. 제작사는 '블랙코미디'라는 장르를 내걸었지만, 드라마를 보는 시청자의 입장은 달랐다. 피로 물든 입시경쟁의 세태를 꼬집겠다는 작가의 의도와 달리, 일곱 살 때부터 학원을 뺑뺑 돌며 명문대학교 의대에 입학한 영재와 전적으로 나만 믿으라는 입시 코디네이터의 존재를 보며 엄마들은 되뇌었다.

 '역시 대한민국에서 자식을 명문대에 보내려면 부모의 재력과 엄마의 관리라는 뒷받침이 필요해.'

 몇몇 엄마는 "저를, 전적으로 믿으셔야 합니다. 어머님"을 외치는 김주형 같은 입시 코디네이터를 찾아 나서기도 했다. 아이 성적에 부모의 재력과 정보력이 필요하다는 이야기가 암암리에 돌기는 했지만 설마하니 저 정도까지일까 반신반의하는 마음과, 실제로 어딘가에서는 저러고 있을 수 있겠구나 하는 마음이 복잡하게 교차하는 드라마였다.

그런데 드라마가 한창 방영되던 시점, 2019학년도 수능이 치러졌고 매년 그러하듯 만점자들의 인터뷰가 언론에 보도됐다. 역대급으로 어려웠다는 그해의 수능에서도 만점자는 아홉 명이나 나왔고, 그중에서도 서울대학교 의대에 합격한 김지명 학생은 오랫동안 주목받았다. 김지명 군의 현실은 〈SKY 캐슬〉에 등장하는 영재나 예서와는 달랐다. 초등학교 6학년 때 백혈병 판정을 받고 중학교 3년 내내 투병 생활을 하느라 학원은커녕 학교도 자주 조퇴해야 했다는 김지명 학생. 게다가 엄마는 식당 일이 바빠서 지명 군의 공부까지 뒷바라지할 수 없는 처지였다. 그럼에도 수능 만점을 받을 수 있었던 비결은 무엇일까?

김지명 학생은 기자의 질문에 쑥스러워하면서 "학교 수업과 인터넷 강의를 열심히 들었을 뿐"이라고 식상한 답변을 했다. 그리고 다음 순간 눈여겨봐야 할 대답 하나가 더 나온다. "자습시간을 최대한 확보하고, 배운 내용을 최대한 내 것으로 체화하려고 노력했다"는 말이 그것이다. 또한 "시험 때는 공부에 몰두하고 시험이 끝나면 《해리포터》 전집을 몰아 읽으며 쉬었다"는 말에도 귀 기울일 만하다.

혹자는 이 이야기를 듣고 '그럼 그렇지, 공부 머리는 역시 타고나는 거야, 우리 아이는 수능 만점자와는 달라. 그러니까 학원도 다녀야 하고, 내가 관리를 해줘야 해'라고 생각할지도 모르겠다. 정말 아이러니한 일이다. 드라마가 만들어낸 허구의 인물에게서는 현실을 보면서도 현실에서 실제 일어난 일에는 눈을 가려버린다. 대치동 학원가에서 만들어져 엄마들의 입소문을 통해 퍼져나간 대입 성공 스토리의 신화는 그만큼 견고했다.

그러나 그 어느 때보다 혼공의 중요성이 표면 위로 떠오른 지금, 〈SKY 캐슬〉 속의 허상보다는 우리 곁에서 혼공의 중요성과 효과를 실제로 입증해낸 사람들의 이야기를 더 귀담아들어야 할 것이다.

"복습은 귀찮았지만 복습을 하면 실력이 오르는 게 느껴져서 하게 된다"는 김지명 학생의 말에 공부의 진짜 의미가 담겨 있는 것은 아닐까.

Q '혼공'을 하면 학원에는 갈 필요가 없나요?

A 그런 의문이 든다면 우선 혼공이나 자기주도학습에 대한 정의부터 다시 내려야 한다. 학원도 안 다니고 무조건 혼자서 불굴의 의지를 갖고 의젓하게 공부하는 것이 혼공은 아니다. 학원에 가도 된다. 그렇지만 남들이 다 가니까 수동적으로 엄마가 골라준 학원에 가서는 안 된다. 스스로 필요해서, 어떤 부분이 부족하니까 그걸 채워야겠다고 생각해서 주도적으로 결정해서 다녀야 한다. 학원에 갈지 말지, 어떤 과목을 수강할지, 어떤 학원을 선택할지까지 스스로 결정하는 것이 자기주도학습이다. 단순히 '혼공'하기 막막하다고 해서 학원의 진도를 따라가는 것은 별다른 도움이 되지 않는다. 혼자 공부하는 시간이 막막하다면 왜 막막한지 끝까지 파고들어서 구체화해야 한다. 그래야 자신에게 무엇이 필요한지 알 수 있다. 그 막막

함을 무시하고 학원에 왔다 갔다 하는 것은 아무런 도움이 되지 않는다.

Q 아이가 꼭 엄마한테 공부를 배우고 싶다고 하는데, 이럴 때는 어떻게 하죠?

A 아이가 원한다면 초등학교 때까지는 부모가 공부를 봐줘도 된다. 하지만 어느 순간 난도가 높아져서 부모가 가르치는 데에 한계가 찾아온다. 그럴 때는 학원이나 인강 등을 찾아봐야 한다. 그런데도 아이가 학원보다 엄마와 함께 있고 싶어 한다면, 그건 공부와 상관없는 응석일 수 있기 때문에 조금은 따끔하게 이야기할 필요도 있다. 아이와 점차 거리를 둬서 자립할 수 있도록 도와줘야 한다. 아이가 좋아한다고 해서 언제까지나 부모가 아이 옆에 24시간 붙어 있을 수는 없는 노릇 아닌가. 적절한 때에 한 발 물러나지 못하고 계속해서 서로의 삶에 개입하다 보면 아이나 부모 모두에게 위험한 일이 될 수 있다.

Q 서울 중심권 애들은 고1 전에 미적분까지 두 번은 뗀다던데, 선행학습 정말 안 해도 되나요?

A 다른 아이들이 어디까지 진도를 나갔다는 말은 입시가 끝나고 나면 모두 허상으로 드러날 가능성이 크다. 왜냐하면 첫째, 공부는 속도가 아니라 깊이이기 때문이다. 입시는 올림픽 마라톤이 아니다. 공부 역시 마라톤처럼 길게 보고 해야 하긴 하지만 결승선 앞의 문은 오직 고3 때에만 열린다. 고1 때 고3 과정을 다 끝냈다고 해서 그

시간에 맞춰 문을 열고 기다려주는 곳은 없다. 빨리 가도 아직 문이 닫혀 있다면 아무 소용이 없다. 오히려 2년을 허송세월하면서 기다려야 한다. 모두가 똑같이 모인 날 드디어 문이 열리고 그날 주경기장 한 바퀴를 누가 잘 달리느냐에 따라 승부가 결정난다. 결승이 있는 그날까지만 실력을 키워서 빨라지면 된다. 그전까지 빠르고 느린 것은 전혀 문제가 되지 않기 때문에 그것을 불안의 원인으로 삼을 이유가 없다.

그리고 둘째, 선행은 다분히 학원의 마케팅이다. 깊이는 손에 잡히지 않고 직관적이지 않기 때문에 학원에서 마케팅을 하기 매우 어렵다. 반면 속도, 즉 진도는 손에 확 잡히기 때문에 내가 뒤쳐져 있다고 생각하면 초조하고 불안해지고 선행을 꼭 해야 할 것 같은 기분에 휩싸인다. 눈에 잘 보이는 것에 현혹되어서는 안 된다. 물론 깊이 있는 선행은 해도 된다. 방학 동안 한 학기나 반 학기 정도 앞서서 살펴보는 식이다.

어떤 사람은 학교 1등이 선행을 하는 학원에 다니는데, 그래서 성적이 좋은 것 아니냐고 묻는다. 하지만 이는 원인과 결과가 뒤바뀐 것이다. 1등이기 때문에, 그만큼 실력이 있기 때문에 앞선 과정을 따라잡을 수 있는 것이다. 그 아이의 진도에 맞출 것이 아니라, 이후 결승선 앞에 섰을 때 잘 달릴 수 있도록 그동안 나의 실력을 깊이 있고 튼튼하게 키울 생각을 해야 한다.

Q 선행보다 복습이 더 중요하다고 했는데, 그렇다면 복습은 어떻게 해야 하나요?

A '에빙하우스(Ebbinghaus) 망각곡선'이라는 것이 있다. 이 그래프는 학습 직후에 망각이 가장 급격하게 일어나고, 20분 내에 41.8%가 망각되기 때문에 공부한 내용을 오래도록 기억하려면 반복해서 공부하고 시간 간격을 두고 규칙적으로 여러 번 공부해야 한다고 말한다. 이 이론에 따르면 공부를 하면 20분 이내에 복습을 해줘야 하고, 시간 간격을 두고 또다시 공부해야 한다. 혹자는 10분 후에, 또 한 시간 후에 반복해서 복습하는 것이 효과적인 학습법이라고 말하기도 한다.

하지만 학교 수업을 받을 때는 쉬는 시간 10분 동안 복습을 하면 되지만, 혼자서 공부할 때는 애매할 수 있다. 10분 동안 가만히 있다가 복습을 해야 하는 건지, 멍하니 한 시간을 보내다가 다시 봐야 하는지 싶어서 공부 계획이 다 꼬여버릴 수 있다. 사실 에빙하우스 망각곡선은 암기가 중요한 학력고사 시대에나 효과적인 학습이론이다. 이제는 생전 처음 보는 문제 유형을 그 자리에서 바로 풀어내는 능력이 중요하다. 암기가 아니라 이해와 응용이 중요하다는 뜻이다. 그렇기 때문에 10분 뒤, 한 시간 뒤 등의 시간에 연연하지 말고, 선생님의 설명에서 '이해의 사각지대'가 없어지도록 복습을 해야 한다. 배운 것을 나의 언어로 설명할 수 있으면 그것이야말로 '복습 완료'이다.

Q 부모의 통제나 관리, 뒷바라지가 중요하지 않다면 아이 공부를 위해 부모가 해줘야 할 일은 무엇인가요?

A 사교육을 지원해주는 것이 아이의 공부를 위해 부모가 해야 할 일이 아니다. 가장 중요한 것은 믿어주는 것이다. 학교나 학원이 아무리 아이를 믿지 않아도 부모가 믿어주면 공부하게 돼 있고, 공부를 하면 성적이 오르게 돼 있다. 희한하게도 부모는 아이가 어릴 때는 "넌 뭐든 될 수 있다"고 하면서 중학교, 고등학교에 가서 성적이 안 좋으면 지금뿐 아니라 앞으로도 안 될 거라고 생각하고 그런 이야기를 거침없이 아이에게 전한다. 학교나 학원에서는 그럴 수 있다. 지금 안 되니 앞으로의 가능성도 그에 맞춰서 현실적으로 말할 수 있다. 하지만 현실적인 이야기는 밖에서도 충분히 많이 듣기 때문에, 아이가 집에 오면 부모라도 믿어줘야 한다. 부모가 아이에게 제공해야 할 가장 중요한 것은 '심리적인 지지'이다. 성적이 오르면 믿겠다는 말은 원인과 결과가 뒤바뀐 것이다. 학원에서는 그럴 수 있어도 부모는 결과가 나오기 전에 미리 믿어줘야 한다. 아이가 '나도 하면 뭐든 될 수 있다'고 생각할 수 있도록 믿어줄 때, 아이는 스스로 공부해서 자기확신을 키워나간다.

— 출처 : 유튜브 StudyCode

Chapter 2

혼공 프로젝트가 필요한 아이

 **내 아이에게 필요한 혼공 솔루션**

〈혼공시대〉 제작진은 혼공 프로젝트를 위해 크고 작은 맘카페에 글을 올렸다. 혼공이 되지 않아 고민하고 있는 엄마와 아이의 사연을 모집한다는 글이었다. 대상은 중학생으로 제한했다. 처음 글을 올릴 때만 해도 모집이 잘 될지 반신반의했다. 그런데 글을 올린 지 며칠 되지 않아 수십여 명의 엄마들에게 연락이 왔다. 온라인 수업에 도통 적응을 못한다는 아이부터 학교에서는 줄곧 모범생이었는데 온라인 수업과 함께 생활패턴이 완전히 무너져버렸다는 아이, 그동안은 하지 않던 게임과 유튜브에 빠져버렸다는 아이도 있었고, 학원은 열심히 다니는데 학년이 올라갈수록 성적이 떨어진다는 아이까지 사연도 다양했다. 그만큼 답답한 엄마들과 아이들이 많았다는 방증이다. 제작진은 일일이 전화를 걸어 1차 인터뷰를 진행했고,

1차 인터뷰에서 선발된 친구들의 집에 직접 찾아가 심층 인터뷰를 진행했다. 그리고 혼공 프로젝트가 꼭 필요해 보이는 아이 셋을 선발했다. 그렇게 해서 만난 아이가 중학교 2학년 정민이, 중학교 3학년 앤디와 세윤이였다. 그들 모두는 자신의 절실함을 호소했고, 혼공 프로젝트를 통해 변화하고 싶다는 의지를 강력히 피력했다.

　솔루션은 크게 두 가지 방향으로 진행됐다. 정신건강의학과 전문의 노규식 원장은 자지주도학습 관리능력 검사와 상담을 통해 아이의 현재 상태를 진단하고 개선점을 처방했다. 무엇이든 스스로를 제대로 알고 거기서부터 변화해가는 것이 중요하기 때문이다. 조남호 코치 역시 공부법 전문가로서 공부 환경과 공부법, 교재, 공부시간 등을 점검해 지금 무엇에 주안점을 둬야 하는지 혼공의 맥을 짚어줬다. 혼공 프로젝트는 총 넉 달에 걸쳐 진행했고 솔루션 이후 중간중간 아이들이 솔루션을 잘 수행하고 있는지, 수정해야 할 부분은 없는지 점검했다. 이 아이들이 받았던 솔루션과 그것을 수행하는 과정, 그리고 마지막으로 변화하는 모습까지 살펴보면 내 아이의 공부법을 어떻게 바꿔줘야 할지 실마리를 찾을 수 있을 것이다.

혼공 능력을 좌우하는 5가지 요인

혼공 프로젝트에 들어가기에 앞서 우선 '혼자 공부한다는 것', '자기주도학습'이란 무엇인지 그 의미부터 정확히 다시 짚어보자. 많은 엄마들이 학원에 다니지 않고 인강이나 교과서를 보면서 혼자서 하는 공부를 자기주도학습이라고 생각한다. 그런데 과연 그럴까? 결론부터 말하자면 반은 맞고 반은 틀리다.

자기주도학습이란 책상 앞에서 공부를 시작하고, 계획을 세우고, 자신이 세운 계획을 실행해나가는 모든 과정을 자발적으로 해내는 것을 의미한다. 그냥 혼자 책상머리에 앉아 있다고 해서 다 자기주도학습은 아니다. 뿐만 아니라 공부에 필요한 도구 또한 직접 선택해야 한다. 인강을 들을지, 학원에 갈지, 어떤 참고서를 보고 어떤 문제집을 풀지 스스로 결정해야 하는 것이다.

여기서 끝이 아니다. 공부한 내용을 내가 얼마나 이해했는지 스스로 평가할 수도 있어야 한다. 다시 말해, 학습 참여 여부에서부터 목표설정 및 교육 프로그램의 선정과 교육 평가에 이르기까지 교육의 전 과정을 자발적인 의사에 따라 선택하고 결정하는 것, 이것이 자기주도학습이자 진정한 혼공의 제대로 된 정의이다. 그런 의미에서 자기주도학습은 아이의 학습 태도와 의지, 공부법을 모두 포괄한다.

아이 스스로 공부를 하려면 가장 먼저 내적 동기가 필요하다. 그러니까 공부를 하고 목표를 성취해야 할 이유가 밖이 아니라 내 안에 있어야 한다는 뜻이다. 동기는 모든 행동의 원인이다. 요리하는 것도 운동하는 것도 친구와 만날 약속을 하는 것도 그 뒤에는 모두 동기가 있다. 공부 역시 예외가 아니다. 현장에서 직접 학생들을 지도해온 고등학교 교사들은 목표의 중요성을 강조하며 이렇게 말한다. "자기 인생의 목표를 발견한 학생들은 고등학교에 입학할 때는 성적이 낮았어도 결국에는 좋은 성적을 거둔다. 고등학교 3년 동안 목표를 이루기 위해 꾸준히 실행하고 노력하기 때문이다." 하지만 너무 이상적인 소리로 들리는 게 사실이다. 중학교 때부터 인생의 목표를 세우고 공부하는 학생이 몇이나 될까? 대부분의 학생에게는 그런 목표가 없다. 공부를 한다고 해도 그저 막연히 좋은 대학을 가기 위해서, 친구들보다 좋은 성적을 얻기 위해서, 혹은 부모님을 기쁘게 해주기 위해서 등이 그 주된 이유일 것이다.

그렇다면 확실한 목표와 동기가 없는 보통의 평범한 학생은 자기주도학습을 할 수 없는 걸까? 단언컨대 절대 그렇지 않다. 그런 의문을 품는다는 것 자체만으로도 이미 충분히 공부에 대한 동기부여가 돼 있는 상태라고 볼 수 있다. 그렇다면 공부를 잘하고 싶다는 의지의 씨앗을 이미 갖고 있는 아이들조차 혼공을 하지 못하는 이유는 무엇일까?

보통 공부를 잘한다고 하면 "머리가 좋은가 보다" 하는 칭찬을 듣고, 공부를 못한다고 하면 "머리가 나빠"라는 타박을 듣는다. 여기서 머리란 지능지수다. 흔히 이 지능지수가 성적에 압도적으로 큰 영향을 준다고들 생각한다. 그러나 지능지수는 성적을 결정하는 여러 요소 중 하나일 뿐이고 여러 조사 결과에 따르면 지능지수는 성적 차이의 약 25%만을 설명한다고 한다. 즉, 학업성취도는 지능지수뿐만 아니라 여러 다양한 변수에 영향을 받는다. 선생님과 친구 등 주변 사람으로부터 받는 영향도 있을 것이고, 공부하는 방법에 따라서도 차이가 많이 날 테다. 그중에서도 성적에 가장 큰 영향을 미치는 것은 혼공이다.

서울대학교 교육학과 박성수 전 교수도 "학업성취도와 지능지수와의 상관관계로 볼 때 아이큐가 미치는 영향은 16~25%에 불과하다"라고 말한 바 있다. 또한 지능지수가 학업에 미치는 영향은 연령이 높아질수록 떨어지는 경향이 있다며, 단순히 선천적 지능만으로 학업성취를 이룰 수 없는 시기가 찾아오는데 바로 초등학교 4~5학년 때라고도 했다. 이 시기부터는 다른 변수가 학업성취도에 더 큰 영향을 미친다는 것이다. 학년이 높아질수록 자기주도학습 능력이 중요해진다는 이야기와 일맥상통하는 부분이 있다.

🖊 무엇이 혼공 능력을 좌우하는가?

혼공 능력의 다른 이름이라고 할 수 있는 자기주도학습 관리능력은 미국의 저명한 심리학자인 러셀 A. 바클리(Russel Barkley) 박사가 17년 동안 연구 개발에 매진해 발표한 〈실행기능 결손 척도(Deficits in Executive Functioning Scale(BDEFS-CA)〉를 통해 가늠해볼 수 있다. 각 항목에 학생 스스로 응답한 결과를 통합해 점수를 내고 평가하는 식이다. 총 70여 개의 검사항목에는 다음과 같은 질문이 포함되어 있다.

* 일을 미루거나 마지막 순간에 가서야 한다.
* 미리 계획하거나 예비하는 데 어려움을 겪는다.
* 결과를 생각하지 않고 작업을 수행하는 경향이 있다.
* 보상을 받는 데 오래 걸리는 일은 하기 어렵다.
* 쉽게 흥분한다.

노규식 원장은 이 항목을 바탕으로 자기주도학습 관리능력 검사를 만들었고, 이 검사를 통해 자기주도학습에 필수적인 다섯 가지 항목을 평가한다. 공부에 있어서 스스로를 아는 것은 매우 중요하다. 나에게 어떤 강점이 있고 어떤 부분은 약점인지를 알아내는 것

정신건강의학과 전문의 **노규식** 박사

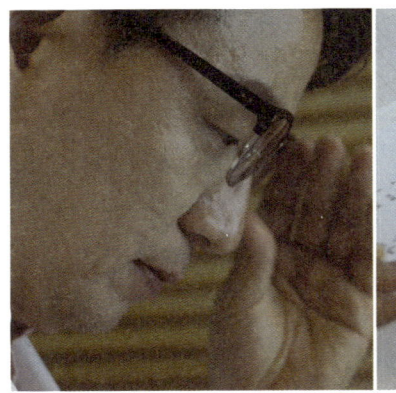 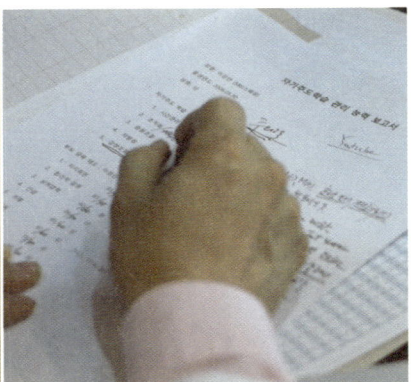

자기주도학습 관리능력 검사

은 공부의 첫걸음이라고 할 수 있다. 잔소리하지 않아도 아이가 혼자 공부할 수 있기를 바란다면 일단은 아이를 제대로 파악하는 것이 필수다. 노규식 원장이 혼공에 필수적이라고 말하는 다섯 가지 요소 각각에 대해 더 자세히 알아보자.

1 자발성

자발성이란 부모나 선생님이 지시하지 않아도 아이가 스스로 뭔가를 결정하고 실행해나가는 능력이다. 이는 비단 공부에만 해당하는 항목이 아니다. 자발성이 높은 아이는 어려서부터 자신이 무엇을 좋아하고 싫어하는지 분명히 알고 있을 뿐만 아니라 적극적으로 자신의 의사를 표현한다. 더 나아가 해야겠다고, 하고 싶다고 마음먹으면 끝까지 밀고 나가는 힘이 대단하다. 그런 아이들에게는 자라서 스스로 공부할 수 있는 능력이 있다. 공부에 있어 자발성이 중요한 이유는 자발성이 내적 동기를 부여해주기 때문이다. 스스로 동기 부여를 할 수 있어야 억지로 하는 공부, 시켜서 하는 공부, 재미없는 공부가 아니라 스스로 찾아서 재미있게 하는 공부를 할 수 있다. 자발성이 높은 아이는 삶의 목표를 스스로 정할 수 있고, 공부를 해야 하는 이유를 명확히 안다. 목표를 정해놓고 가는 아이와 목표 없이 시키는 대로 따라만 가는 아이의 결과가 얼마나 다를지는 자명하다.

2 시간관리 능력

자기주도학습에서 가장 중요한 부분 중 하나가 시간관리 능력이다. 모든 것이 불평등해도 하루 24시간은 누구에게나 동등하게 주어진다. 고등학교 3년이라는 시간도 마찬가지다. 똑같은 시간을 살아가면서도 누군가는 '시간이 없다, 시간이 부족하다'고 불평하거나 좌절하는 반면, 또 다른 누군가는 그 시간을 최대한 효율적으로 사용해 자신의 목표를 이룬다. 시간을 어떻게 관리하고 활용하느냐에 따라 이렇게 성적이 갈린다. 실제로 수많은 대입 수석 입학생이 자신의 공부비결로 자투리 시간 활용을 꼽기도 했다. 자기주도학습에 있어 스스로 시간을 관리할 수 있는 능력은 필수적이다.

3 계획관리/조직화 능력

계획관리 능력은 조직화 능력이라고도 하는데, 시각과 청각을 통해 입력된 다양한 학습 정보를 새로운 형태로 조립하고 재구성하는 능력을 이른다. 조직화 능력이 출중한 아이는 정보의 속성, 우선순위, 아이디어 간의 규칙 등을 잘 파악하고 필요에 따라 계획을 세우고 정리하는 능력도 탁월하다. 입력된 학습 정보를 재구성하기 위해서는 일단 정보의 속성과 개념을 잘 파악해야 할 뿐 아니라 어떤 것이 중요한지 또 어떤 것이 필요 없는지를 구분할 수 있어야 한다. 쉽게 말하면 교과서 한 권을 통째로 다 외우는 것이 아니라 교과서에서 핵심 내용을 잘 파악하고 이를 정리할 수 있어야 한다. 그래야 필요한 학습 내용을 머릿속에 저장할 수 있고 필요할 때 쉽게 꺼내 쓸 수 있다. 특히 공부량이 많아지는 고학년으로 올라갈수록 조직화 능력은 매우 중요해진다. 이 능력이 없으면 아무리 오랫동안 책을 붙잡고 있어도 공부 효율성이 떨어지고, 그렇게 되면 공부에 흥미를 잃는 악순환이 생겨난다.

4 충동조절 능력

놀고 싶은 유혹, 쉬고 싶은 유혹, 딴짓을 하고 싶은 유혹을 이겨내고 공부하는 힘, 그것이 충동조절 능력이다. 충동을 잘 조절하지 못하는 사람은 어떤 행동이 자신이나 다른 사람에게 피해를 준다는 것을 알면서도 그 행동을 하려는 충동이나 유혹에 굴복하고 만다. 지금 놀고 싶고, 쉬고 싶고, 딴짓을 하면 자신에게 안 좋은 결과가 찾아온다는 것을 뻔히 알면서도 참지 못하고 그 행동을 해버리고 만다.

지금의 아이들에게는 이 능력이 무엇보다 중요하다. 왜냐하면 부모 세대와는 달리 조금만 주위로 눈을 돌리면, 게임이며 유튜브며 볼 수 있고 할 수 있는 다른 활동이 너무나 많기 때문이다. 세상에는 주의력과 집중력과 공부할 시간을 빼앗아가려는 온갖 유혹이 펼쳐져 있다. 한창 놀고 싶은 나이에 그 유혹을 이겨내고 공부에 집중한다는 건 쉬운 일이 아니다. 그렇기에 스스로를 통제할 수 있는 능력이 그 어느 때보다 중요해졌고, 그 능력이 자기주도학습 능력, 즉 혼공 능력을 결정짓는다.

5 감정조절 능력

공부 스트레스를 풀게 해줄 요량으로 주말 내내 놀게 했더니 다음 날 도무지 책상 앞에서 집중하지 못하는 아이를 본 적이 있을 것이다. 그럴 때마다 엄마들은 '노는 맛을 보여줬더니 저런다. 바짝 조여서 관리해야지 안 그러면 공부습관이 엉망이 되겠다'고 생각하고 만다. 하지만 그건 잘못된 생각이다. 하루 종일 공부만 시킨다고 해서 아이가 집중할 수 있는 건 아니기 때문이다. 뇌는 적절한 휴식을 취할 때 더 잘 작동한다. 그리스 수학자 아르키메데스가 왕관이 순금으로 이뤄졌는지를 밝혀낼 방법을 떠올린 것은 머리를 식히러 목욕탕에 갔을 때였으며, 뉴턴 역시 사과나무 밑에서 멍하니 있다가 떨어지는 사과를 보고 만유인력의 법칙을 알아냈다.

책상 앞에 앉아서 골머리만 썩고 있을 때보다 산책을 할 때, 지하철을 타고 가며 아무 생각 없이 밖을 바라볼 때 불현듯 좋은 아이디어가 떠오른 적이 누구에게나 분명 있을 것이다. 이는 과학적으로도 입증된 사실이다. 워싱턴대학교의 뇌과학자 마커스 라이클(Marcus Raichle) 교수에 따르면 아무런 인지활동을 하지 않을 때 오히려 활성화되는 뇌의 특정 부위가 있으며, 이 부위는 생각에 골몰할 때는 오히려 활동이 줄어들기까지 했다. 또한 이 부위가 활성화되면 창의성이 생겨나고 특정 수행능력이 향상된다는 연구 결과도 잇달아 발

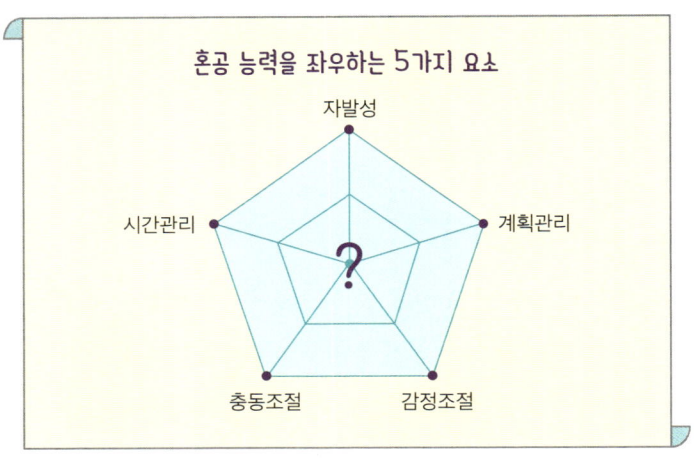

표됐다. '놀 땐 놀고 공부할 땐 공부해야 한다'는 식상한 말이 진리임이 밝혀진 것이다.

이러한 전환에 능하려면 감정조절 능력이 있어야 한다. 멍하니 있다가도 공부할 땐 하고, 실컷 놀았으면 흥에 취해 책상 앞에서도 계속 놀 궁리를 하는 게 아니라 공부에 집중해야 한다. 감정조절 능력이 발달한 아이는 감정전환이 빠르기 때문에 신나게 놀다가도 공부할 때는 무섭게 집중한다. 그뿐 아니다. 순간 주의력, 집중력 역시 감정조절 능력에 해당한다. 집중력이 높다는 것은 감정조절 능력이 뛰어나다는 의미다. 게다가 어려운 문제에 부딪혔을 때 포기하지 않고 다시 도전하는 용기, 시험 전후에 찾아오는 불안감이나 우울감을 떨쳐내는 힘 등이 모두 감정조절 능력에 해당한다.

자발성, 시간관리 능력, 계획관리 능력, 충동조절 능력, 감정조절 능력, 이 다섯 가지 항목이 곧 자기주도학습 능력이다. 이 능력이 골고루 발달한 아이일수록 혼공을 잘할 가능성이 높다. 제작진이 만난 아이들의 자기주도학습 능력과 그에 맞는 솔루션을 살펴보면 내 아이에게 부족한 점은 무엇인지, 그것을 보충할 방법은 무엇인지 참고할 수 있을 것이다. 여기서 반드시 명심해야 할 것이 하나 있다. 바로 자기주도학습 능력은 고정된 것이 아니라 얼마든지 개발하고 키워갈 수 있다는 것이다. 지금은 비록 도통 혼공을 할 수 있을 것처럼 보이지 않는다 해도 개선점을 찾아 실행한다면 분명 그 능력을 키울 수 있다.

코드를 알면 누구나 혼자 공부할 수 있다

혼공 프로젝트를 도와줄 또 한 명의 조력자는 대한민국 최고 입시 전문가로 알려진 조남호 코치다. 갑작스럽게 찾아온 변화에 수많은 부모와 아이가 좌절을 경험하고 있으며, 그런 아이들에게 도움을 주고 싶다는 제작진의 말에 조남호 코치는 깊은 공감을 표했다. 그리고 대한민국 대부분의 아이가 앤디와 정민이, 세윤이와 다르지 않다며 이 아이들이 혼자 공부를 하지 못하는 이유는 단순히 의지와 태도에만 있지 않다며 이렇게 말했다.

"하버드대학교에 가면 1학년 때 학생들이 꼭 들어야 하는 과정 중 하나가 '런 하우 투 런(Learn how to learn)'입니다. 이 수업에서 무엇을 가르치느냐? 공부하는 방법을 가르칩니다. 하버드대학교는 전 세계에서 가장 공부를 잘한다는 수재들이 모이는 곳임에도 불구하고 혹시 공부를 따라가지 못할까 봐 그게 걱정이 돼서 학교에서 한 번 더 가르쳐주는 거죠. 아이들에게 물고기 잡는 법을 제대로 알려주기 위해, 공부하는 방법만 연구하고 또 강의하는 교수가 있어요."

이미 공부를 잘하는 방법이라면 누구보다 잘 아는 학생들만 모였을 텐데, 하버드대학교에서는 신입생들에게 공부법을 가르쳐준다. 그런데 전 세계에서 교육열이 가장 높다고 알려진 대한민국의 현실은 어떤가? 수학, 영어, 국어는 물론 사회에 과학, 심지어 스피치를 가르치는 학원까지 있지만 정작 공부법을 가르쳐주는 학원은 없다. 학교에서도 따로 공부법을 가르치지는 않는다. 부모라고 다를까? 학원을 세팅해주고 암기한 내용과 숙제를 점검해주는 부모는 있어도 공부란 어떻게 해야 하는 것인지를 알려주는 부모는 거의 없다. 그러다 보니 아이들은 좌충우돌할 수밖에 없다.

대한민국 아이들은 눈치로 공부법을 배운다. 옆에 있는 친구가 선생님이 설명하는 걸 받아 적는 걸 보고, 시험 때 주위 친구들이 어떻게 공부하는지를 지켜보며 눈치껏 따라 하는 것이다. 그런 상황에서는 수업 때는 필기 열심히 하고, 시험 때가 되면 외우는 것이 공부라고 생각할 수밖에 없다. 다시 말해, 우리 아이들은 어렸을 때부터 지금까지 단 한 번도 어떻게 공부해야 하는지 배워본 적이 없다. 그러니 공부법을 모르는 게 당연하다. 그런데 어느 날 갑자기 "혼자 공부해봐!" 하면 어떻게 되겠는가? 헤매지 않는 게 오히려 이상한 일 아닐까? 구체적인 공부 방법과 공부 기준을 가르쳐주지 않은 상태에서 아이에게 공부를 주도해보라고 요구한다면 그건 이제 막 걸음

마를 시작한 아이에게 100미터 달리기를 해보라고 요구하는 것이나 마찬가지다.

조남호 대표는 혼공이 안 되는 가장 큰 이유로 '공부법의 무지'를 여러 번 역설했다. 공부법만 알면 열에 아홉은 혼자 공부할 수 있다는 것이다. 다시 말하지만 자기주도학습 능력은 선천적으로 타고나는 게 아니다. 후천적으로 배울 수 있는 영역이다. 아이들이 그동안 혼자 공부하지 못했던 이유는 공부하는 법을 배워본 적이 없어서다. 그러니 우리 아이는 안 된다며 쉽사리 포기할 이유가 전혀 없다.

✏️ 공부법이 왜 중요한가?

조남호 코치는 십수 년간 공부법만 연구해온 공부법 전문가다. 서울대학교 컴퓨터공학과를 졸업한 후 IT업계에 종사했던 그가 공부법을 파고들게 된 데에는 특별한 이유가 있었다. 공부법으로 그 자신의 인생이 완전히 바뀐 경험을 했기 때문이다. 〈혼공시대〉에서 진행한 시크릿 강연에서 그는 자신의 학창시절 이야기를 풀어놨다.

고등학교 1학년 때까지만 해도 그는 말썽 피우는 친구들과 어울려 다니며, 공부와는 담을 쌓고 지냈었다. 공부해야겠다는 생각이 들기 시작한 건 고등학교 1학년이 끝나갈 무렵. 그러나 마음만 굴뚝같지 공부는 손에 잡히지 않았다. 게을러서가 아니다. 동기부여가 되지 않아서도 아니었다. 무엇부터 어떻게 해야 하는지 몰랐기 때문이다. 그래서 그 역시 '눈치'로 공부법을 익히려 했다. 주위 친구들을 보니 죄다 《수학의 정석》이라는 기본서를 보고 있었다. 그래서 그도 수학 공부를 위해 이 참고서를 보기 시작했다. 그런데 아무리 보고 또 봐도 도대체 공부에 대한 감이 오지 않았다. 결국 반에서 줄곧 1등을 놓치지 않는 친구를 유심히 살펴보기로 했다.

그런데 그 친구는 《수학의 정석》이 아닌 다른 참고서를 보고 있었다. 궁금증이 발동한 그는 친구에게 왜 《수학의 정석》을 보지 않느냐고 단도직입적으로 물었다. 그 친구는 "글쎄, 나는 안 봐도 될 것 같은데…"라는 애매한 말과 함께 다른 책을 추천해줬다. 그런데 다른 참고서를 봐도 달라지는 건 없었다.

그러던 며칠 뒤 TV에서 명문대에 입학한 한 학생의 인터뷰를 봤다. TV에 나온 학생은 "수학을 공부할 땐 교과서가 제일 중요하다"며 교과서의 중요성을 강조했다. 학생 조남호는 혼란스럽기만 했다. 대체 어떤 교재를 어떤 기준으로 선택해야 하는지도 모르겠거니와 교재를 잘 선택했다 해도 어떻게 공부해야 수학을 잘할 수 있는지 아리송하기만 했다. 그래서 이번에는 선생님에게 물어보기로 했다. 선생님께 수학을 잘하고 싶은데 어떻게 하면 되느냐고 물었을 때 돌아온 대답은 "일단 문제를 많이 풀어야 해"였다. 궁금한 게 생기면 적당히 멈출 줄을 모르는 그는 '많다는 것은 도대체 얼마만큼인지'를 캐물었다. 선생님도 황당했을 것이다. 선생님은 "얼마나 풀어야 한다고 특정하긴 어렵고 그냥 많이 풀면 돼"라는 막막한 답을 했다. 그래도 그 정도에서 납득을 하고 "그럼 저 수학 문제만 많이 풀면 다음 학기에는 성적이 오르는 거죠?"라고 확신을 요구하자, 선생님은 한 발을 빼며 다른 이야기를 했다.

<혼공시대> 시크릿 강연회에서 열강하는 조남호 코치

"그런데 말이야…, 수학은 또 문제만 너무 많이 풀어도 안 돼. 개념을 탄탄히 해야지."

방금 전에 문제를 많이 풀면 된다더니 이번에는 개념을 이해해야 한다고 하니 어느 장단에 춤을 춰야 할까? 개념은 어떻게 이해해야 하느냐고 묻자 "교과서를 열심히 보라"고 했다. 그런데 설상가상, 옆에 있던 다른 선생님이 교과서만 열심히 본다고 해서 되는 게 아니라 《수학의 정석》도 열심히 봐야 한다며 거들었다. 다시 원점으로 돌아온 것이다. 어떤 교재를 어떻게 보고, 또 문제를 얼마나 풀어야 수학을 잘할 수 있는지 구체적인 방법이 알고 싶었던 그에게 속 시원하게 답을 알려준 사람은 아무도 없었다.

고등학교 때 그의 가장 근원적인 괴로움은 공부가 재미없는 것도, 성적이 잘 안 나오는 것도 아니었다. 그것도 괴롭기는 했지만 괴로움의 핵심에는 막연함이 있었다. 매일매일이 너무 막연했다. 궁금증을 해결할 답을 알려주는 사람이 아무도 없었다.

답을 찾지 못한 채로 일단 공부를 시작했지만 아무리 문제를 많이 풀고 밤을 새워도 원하는 성적은 나오지 않았다. 도대체 뭐가 문제인지 고민하고 또 고민했다. 그렇게 길을 모색하던 시기가 지나고 고등학교 2학년 시기도 거의 끝나갈 무렵, 드디어 해답이 보이기 시작했다. 그리고 그날 그는 많이 울었다. 왜냐하면 그동안 공부를 완전히 헛했다는 생각이 들었기 때문이다. 1년 동안 고군분투하다 보니 그동안 안 보이던 것들이 보이기 시작했다. 수학 개념이 뭔지, 왜 어떤 아이는 《수학의 정석》을 보고 어떤 아이는 다른 걸 보는지, 영어 단어는 어떤 식으로 외워야 하는지…. 그다음 1년은 막연함 없이 웃으며 공부할 수 있었다. 그것이 서울대학교에 합격한 비결이었다.

그리고 대학교에 간 이후 교육계에 종사하던 한 친구의 부탁으로 잠시 아이들을 가르치게 됐는데, 그것이 그의 인생을 다시 한번 바꿔놓았다. 그때 한국의 고등학생을 봤고, 그 아이들을 보면서 고등학교 때 혼자 막연함과 싸웠던 자신의 모습이 떠올랐다. 이 막연함을 타파할 방법을 찾고 싶은데, 아무도 가르쳐주지 않아 답답해하는 아이들. 그 아이들이 조남호 코치를 공부법 연구의 길로 이끌었다.

✏️ 스킬이 아니라 코드다

자신 역시 똑같이 느꼈던 괴로움에서 아이들을 해방시켜주고 싶다는 마음에 공부법을 연구하기 시작한 조남호 코치는 수천 명의 서울대생을 직접 만나 심층면접을 진행했다. 공부를 잘하는 학생들에게는 뭔가 공통점이 있을 거라는 생각 때문이었다. 우선 그들은 모두 자기주도학습을 했다. 남들이 떠 먹여주는 것을 받아먹는 데 그치지 않고 스스로 계획해서 실천했다. 그리고 또 하나 그들에게는 공통적인 공부법이 있었다. 물론 누구는 인강을 주로 들었고 누구는 학원수업을 듣는 식으로 공부 방식에는 개인별 차이가 있었다. 또 어떤 학생은 A라는 참고서를 즐겨 봤고 또 어떤 학생은 B라는 참고서로 공부했다. 이렇듯 각기 공부 스타일과 공부 스킬은 달랐지만 서울대학교에 입학한 학생이라면 누구나 구사하고 있는 공부법은 분명히 있었다. 그 공통된 공부법을 조남호 코치는 '코드'라고 부른다.

명문대생의 노트 필기법, 암기법 등은 스킬이다. 개인적인 노하우나 테크닉, 또는 팁 같은 것이 바로 스킬이다. 예를 들어, 어떤 사람이 노래를 하면서 암기하면 잘 외워진다고 해서 반드시 우리 아이도 노래하면서 외울 필요는 없다. 쓰면서 외울 때 더 잘 외워지는 아이도 있고, 눈으로 반복해서 읽는 게 더 효과적인 아이도 있기 마련이다. 이처럼 공부 스킬은 누구에게나 통용되지 않는다. 맞는 사람이 있고 그렇지 않은 사람이 있다. 그렇기 때문에 스킬 뒤에는 꼭 이런 단서가 따라붙는다. "결국 자신에게 맞는 공부법을 찾아야 한다." 스킬은 하나의 의견이고, 코드는 누구에게나 적용되는 법칙인 셈이다.

"공부코드는 공부를 잘하고 싶다면 무조건 따라야 하는 절대적인 기준이자 원칙이며, 공부의 정답입니다."

학교마다 교과서가 다르고, 학생도 저마다 다른 참고서를 보지만 수능시험에서는 모두가 똑같은 문제를 풀어야 한다. 출판사별로 교과서가 다르고 풀이 방법이 다를지언정 공부의 본질은 같다. 마찬가지로, 공부 스킬은 다 다를 수 있지만 수능에서 좋은 성적을 얻고 명문대에 진학하기 위해서는 반드시 자기주도학습을 해야 하고, 또 자기주도학습을 잘하기 위해서는 무조건 지켜야 할 공부의 코드가 있다. 이것이 바로 '혼공코드'다. 조남호 코치는 프로젝트에 참가한 아이들에게 혼공코드를 설명하고, 또 각자의 상황을 진단해서 보충해야 할 부분을 콕 짚어주었다. 혼공코드를 알면 공부 앞에서 더 이상 막연해하거나 불안해할 필요가 없다. 그리고 그 코드를 자신에게 적용하면 혼공이 재미있어지는 놀라운 변화가 시작된다.

시도 때도 없이 유튜브에 빠져드는 아이

◆ 첫 번째로 만나볼 아이는 중학교 2학년 정민이다. 정민이 엄마는 제작진을 만나자마자 눈물을 글썽이며 살려달라고 말했다. "우리 아이 좀 살려주세요. 하고 싶어 하는 아이인데, 지금 그게 잘 안 되잖아요. 우리 정민이가 꿈을 이룰 수 있게 제발 도와주세요." 엄마의 목소리와 표정에서 간절함이 묻어났다. 대체 무엇이 엄마를 그렇게 절박하게 만든 것일까?

정민이 엄마는 직장맘이지만 아이 교육에 대한 관심만큼은 여느 전업맘 못지않았다. 남다른 교육철학과 소신도 있었다. 이 학원 저 학원으로 아이를 돌리기보다 책을 많이 읽히는 것이 더 중요하다고 여겼고, 그래서 정민이가 열 살이 되던 해에 2년간 육아휴직을 하고 영어 책이며 한글 책을 닥치는 대로 읽혔다. 첫 만남부터 제작진을 놀라게 했던 정민이의 어휘력은 물론, 외국에서 살다 왔다고 해도 믿을 만큼 유창한 영어 실력은 어린 시절부터 쌓아온 다독의 결과였다. 다른 엄마들이 학원을 알아볼 때 EBS의 유명 강사들이 말하는 수학 공부법을 찾아 정민이에게 일러주는가 하면, 매일 저녁 아이들이 어떤 공부를 하는지 또 공부하는 데 어려움은 없는지 관심의 끈을 놓지 않았다.

그러다 보니 퇴근을 하고 집에 돌아와서도 두 다리 뻗고 쉴 수 없었다. 엄마의 그런 노력 덕분에 정민이는 중학교에 올라오면서 영어와 수학에서 두각을 나타내기 시작했다. 그런데 코로나19와 함께 공든 탑이 무너지고 엄마의 기대도 한꺼번에 와르르 무너졌다. 문제의 발단은 온라인 수업이었다. 학교 수업이 온라인으로 대체되면서 어려서부터 철저히 막아왔던 스마트폰이며 인터넷을 열어줄 수밖에 없었던 것이다. 한마디로 굳게 봉인돼 있던 금단의 상자가 열려버렸다.

그때부터 정민이는 거침없이 유튜브에 빠져들었다. 지루한 온라인 수업을 듣다 보면 자기도 모르게 유튜브를 클릭하게 된다는 정민이. 정민이에게 유튜브는 신세계였다. 그렇게 유튜브에 빠져들면서 온라인 수업도 패스, 숙제도 패스, 엄마와 약속한 공부도 패스! 엄마가 퇴근할 무렵에서야 정신이 번쩍 들어 허겁지겁 문제집을 펴들기 시작했다. 그 사실을 어찌 엄마가 모를까. 매일 밤 정민이를 붙잡고 화도 내보고 달래도 보고 설득도 해봤지만 다음 날이면 도로아미타불, 정민이 역시 그런 자신이 실망스럽다고 했다. 유튜브에 빠져 있는 스스로가 한심하고, 엄마의 잔소리를 들을 때마다 죄책감이 밀려오지만 유튜브의 유혹이 얼마나 강력한지 그 죄책감마저 삼켜버린다는 것이다. 온라인 수업이 시작된 후 매일같이 반복되는 상황, 엄마는 이제 한계가 온 것 같다며 답답함을 호소했다.

이렇게 자녀와 전쟁을 치르는 집이 어디 정민이네뿐일까. 전종설 이화여자대학교 사회복지학과 교수와 이해국 가톨릭대학교 정신건강의학과 교수 연구팀이 비대면 수업 이후 청소년들의 미디어 사용량과 중독 위험성을 조사했는데 이러한 현상은 조사 결과에서도 여실히 드러났다. 응답자의 65%가 비대면 수업 이후 게임, SNS, 유튜브 이용 시간이 늘었다고 대답했고, 스마트폰 중독 위험군에 해당하는 학생 비율도 30.2%에서 39.5%로 증가했다. 온라인 수업으로 전환된 후 인터넷이나 미디어 사용 문제로 부모님과 갈등이 늘어났느냐는 질문에는 응답자의 19.7%가 그렇다고 답했다. 상황이 이렇다 보니 온라인 수업이 아이들의 스마트폰과 인터넷 중독을 부추기는 것 아니냐는 우려까지 나오기 시작했다.

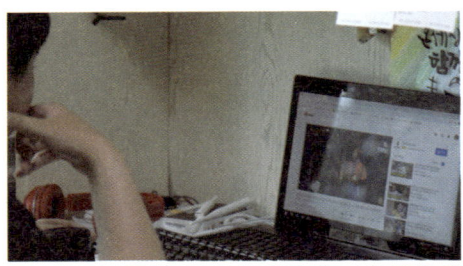

유튜브라는 판도라의 상자를 열어버린 정민이

물론 온라인 수업이라는 특수한 상황이 아이들의 인터넷 중독을 가속화했을 수는 있다. 하지만 이는 본질적인 문제가 아니다. 더 중요한 것은 요즘 아

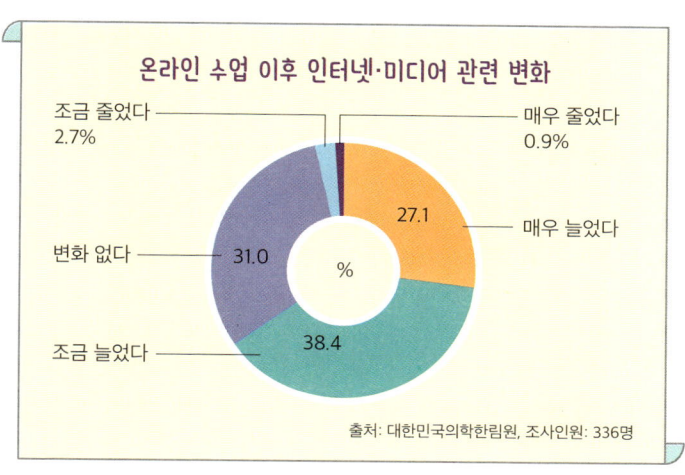

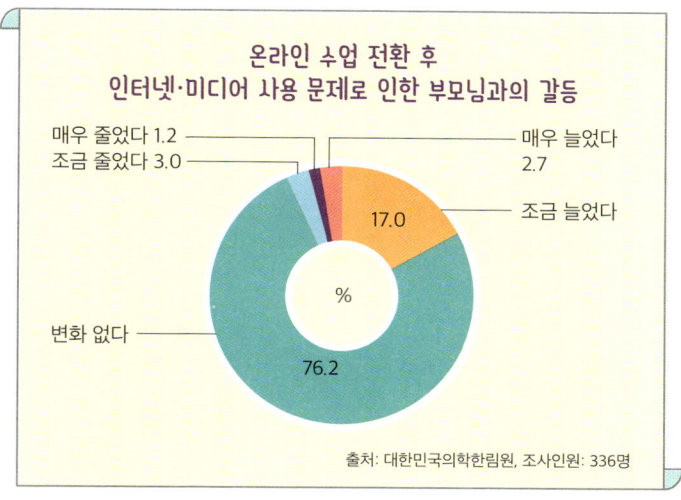

이들 대부분이 유혹을 견디는 힘이 부족하다는 사실이다. 그래서 뭔가 새로운 자극 앞에서 쉽게 무너져버리고 만다.

아이들을 가장 가까운 곳에서 가르치고 상담하는 윤윤구 선생님도 "요즘 세상은 학부모들이 학교를 다니던 시대와는 다릅니다. 놀 게 너무 많습니다. 그러다 보니 그런 유혹을 견딜 수 있는 아이만이 자기주도학습, 혼자 공부를 할 수 있습니다"라며 유혹을 견디는 힘 의 중요성을 이야기했다.

유혹 앞에 쉽게 무너져버리는 아이가 어디 정민이뿐일까? 대부 분의 평범한 아이들 모두가 유혹에 약하다. 뭘 좀 하려다가도 SNS 속 세상이 궁금해지고, 유튜브 속 재미난 이야기를 보고 싶어 좀이 쑤신다. 선생님이나 부모가 통제하는 상황에서는 어쩔 수가 없으니 유혹을 떨쳐낼 수 있지만, 혼자 공부할 때는 얘기가 달라진다. 당장 눈앞에 재미있는 게 펼쳐져 있고 혼자서 모든 것을 통제해야 하는 상황에서 유혹을 뿌리치고 지겨운 공부를 선택할 수 있는 아이는 많 지 않을 것이다.

🖊 아이를 위한 솔루션 시간관리 능력을 키워라

정민이는 어려서부터 뭔가에 한번 꽂히면 질릴 때까지 반복하는 성 향이 있었다. 공부를 할 때도 예외는 아니었다. 《해리포터》 원서를 무려 여덟 번이나 반복해서 읽었던 것도, 아침부터 밤까지 수학 문 제집을 붙잡고 씨름했던 것도 모두 정민이가 좋아서 한 일이었다. 이렇듯 자신이 좋아하는 일에 푹 빠져드는 성향 덕분에 학원에 의지 하지 않고 혼자 공부를 해올 수 있었다. 그런데 그 좋아하는 것이 이 제 유튜브가 됐다는 게 문제였다. 정민이의 이러한 성향은 자기주도

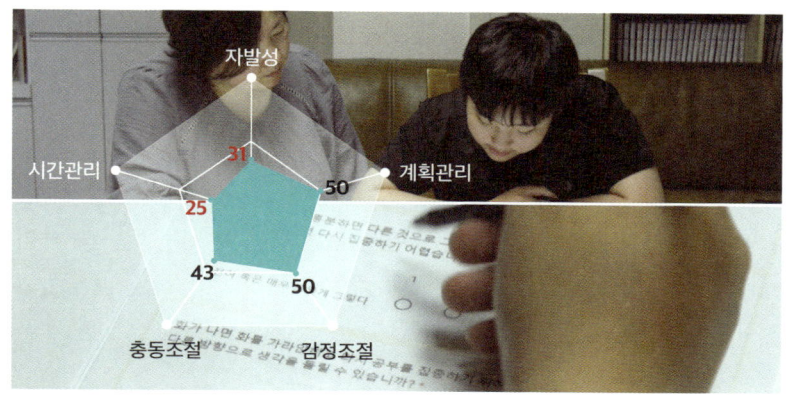

정민이의 자기주도학습 관리능력 검사 결과

학습 관리능력 검사에서도 드러났다.

정민이는 다섯 가지 항목 중에서 감정조절 능력과 계획관리 능력이 뛰어난 편이었다. 그래서 자신이 좋아하는 일에 집중하고 어려움을 극복하는 능력이 좋았다. 반면 시간관리 능력과 자발성, 충동조절 능력은 평균 이하였다. 특히 시간관리 능력과 자발성이 많이 부족했다. 자발성이 부족하다는 것은 지금껏 학원은 안 다녔을지 몰라도 부모의 관리, 감독에 의존해왔음을 의미하고, 시간관리 능력과 충동조절 능력이 부족하다 보니 공부 계획을 세워도 실패하기 일쑤였다.

노규식 원장과 상담을 하면서도 정민이의 특성은 그대로 나타났다. 부모님에게 가장 많이 듣는 말이 "의욕은 넘치지만 실천은 제로야"였고, 스스로 계획은 많이 세워봤지만 그중 10% 정도만 지키고 90%는 안 지킨 것 같다고 자평할 정도였다.

정민이가 충동조절 능력이 다소 부족하긴 하지만 다행히 엄청나게 과격하거나 뭔가 하고 싶은 것을 당장 안 하면 못 참는 수준까지는 아니다. 또한 감정조절을 잘 해서 나쁜 일이 생겨도 금방 빠져나올 수 있다는 것은 큰 자산이다. 정민이의 경우 시간관리 능력의 부족이 가장 큰 문제였는데, 이는 의지나 의욕이 부족해서가 아니라 시간관리 하는 법을 배우지 못했기 때문에 벌어진 일이다. 대다수 아이들에게도 해당하는 말인데, 노규식 원장은 이를 교육 부족 때문이라고 분석했다. 두뇌가 발달하는 과정에 맞춰 아이 스스로 계획하고 관리하고 점검하는 훈련을 받았어야 하는데 우리나라는 그런 교육을 거의 시키지 않는다는 것이다. 보통은 그냥 내버려두다가 어느 시점부터 바로 주입식 교육에 들어가버리고 만다. 그동안 우리는 동그라미를 케이크 모양으로 쪼개가며 칸 나누는 것 외에는 시간관리와 관련해서 따로 배운 적이 없다. 이는 계획을 표현하는 한 방식일 뿐 계획을 세우는 연습은 아니다. 그렇기 때문에 계획을 잘 세우고 잘 지킬 수 있는 방법을 고안하고 연습하는 것이 중요하다. 이제라도 문제점을 파악했다면 개선하면 된다. 몇 가지 기술적인 전략을 배우면 시간관리 능력은 뚜렷하게 좋아질 수 있다.

★ 욕심부려 무리한 계획을 세우지 않는다

시간관리를 잘 못하는 사람의 가장 큰 특징은 욕심껏 무리한 계획을 세우고 그걸 해내려다가 금세 지치고 만다는 것이다. 정민이가 딱 그렇다. 의욕이 넘쳐서 자신을 과신하는 경향 때문에 계획이 계속 어그러졌던 것이다. 의욕적으로 계획을 잔뜩 세워놨는데 막상 해보니까 시간이 훨씬 더 많이 걸려서 힘들었던 경험을 누구나 다 해봤을 것이다. 정민이는 특히 그런 경향이 강해서 계속해서 이런 상황을 반복하고 있었다. 이는 계획을 세우는 정확한 기술을 아직 익히지 못한 탓이다. 예를 들어 수학 문제를 푼다면, 두 페이지에 몇 시간이 걸리는지 스스로 정확하게 계산하지 못한다는 것이다.

긍정적이고 감정조절을 잘하기 때문에 금방 털고 일어날 수 있다는 장점이 있지만, 의욕이 가득해서 기분이 좋으면 그 충만함에 취해 계획을 감정적으로 세운다는 것은 단점이다. 이를 '감정적 추론'이라고 한다. 한마디로 계획을 이성이 아니라 감정으로 세운다는 뜻이다. 감정이 아니라 데이터에 의존해서 계획을 세우는 연습을 하면 과도한 계획과 계획의 어그러짐이라는 도돌이표에서 벗어날 수 있다.

★ 유혹 앞에 다른 행동을 계획해 지연 습관을 기른다

일단 계획을 세울 때는 해야 할 일의 목록을 적는 것도 중요하지만, 각각의 목록에 대략 얼마의 시간이 걸릴지 추산을 해봐야 한다. 그런 준비 작업을 거친 후에 계획을 세우면 '지킬 수 있는' 계획표를 완성할 수 있다.

또한 유튜브를 적게 보고 싶다면 그 앞에 '다른 행동'을 넣어서 유튜브로 넘어가는 행동을 지연시키도록 유도하는 것이 좋다. '나'와 '유튜브' 앞에 장애물을 끼워 넣어서 유튜브까지 가는 데 시간이 걸리도록 만드는 것이다. 유튜브는 공부하는 컴퓨터가 아니라 다른 컴퓨터로 본다는 규칙을 세우고 유튜브용 컴퓨터에 접근하는 과정을 귀찮게 만드는 식이 그 예가 될 수 있다. 아주 작은 전략이지만 유혹을 이겨내는 성공 경험을 반복적으로 쌓으면 자신감과 자기효능감이 올라가면서 단점을 극복해낼 수 있다.

★ 미루지 않는 습관 기르기

정민이의 장점 중 하나인 감정조절 능력은 때로 단점으로 작용하기도 한다. 바로 미루기를 잘한다는 것인데 이는 마음을 긍정적으로 잘 전환하는 데서 오는 부작용이다. 계획이 조금 어긋나도 '이따가 하면 되지', '이따 열심히 하면 금방 할 수 있지', '그러니까 지금은 잠깐 쉬어도 돼'라고 생각해버리고 마는 것이다.

이러한 미루기는 해야 하는 일이 하고 싶은 일이 아닐 때 가장 먼저 일어난다. 그리고 해야 할 일이 너무 많거나 힘들어서 다 해내지 못할 것처럼 느껴질 때에도 미루고 싶은 마음이 생겨나는데, 보통은 목표를 완수해내지 못한 이유에 대한 핑계를 대기 위해 미루기를 하곤 한다. 결과가 실망스럽다면 '미룬 것을 탓하는 편이 능력이 부족하다고 생각하는 것보다 안전'하기 때문이다.

정민이는 과거에 비해 수학 공부에 재미를 많이 못 느끼는 상태였고, 하고 싶다는 마음도 약해진 상태였다. 그래서 자꾸만 미루는 모습을 보였다.

이럴 때는 '완결'보다는 '시작'을 목표로 삼는 것이 중요하다. 일단 시작만 해도 성공이라고 생각하면 미루는 습관에서 벗어나기 쉬워진다. 목표에 대한 부담감이 줄어들기 때문이다. 이런 경험이 쌓이면 거침없이 몰아쳐서 모든 계획을 완수할 때만이 아니라 한 번에 조금씩 해도 발전할 수 있다는 생각이 자라난다. 미루지 않는 좋은 공부습관, 생활습관을 기른다면 정민이는 충분히 혼공을 잘해낼 수 있을 것이다.

🖊️ 엄마를 위한 솔루션 자율성과 독립심 키워주기

지금 단계에서 정민이에게 가장 필요한 것은 자율성이다. 아이가 혼자 공부할 수 있도록 도우려면 자율성과 독립성을 키워주는 것이 무엇보다 중요하다. 그래야 아이가 스스로 자신을 통제하는 능력을 키울 수 있다.

정민이 엄마는 아이에게 합리적인 설명을 하되 그 정도가 지나치지 않고, 성취 압력을 그렇게 많이 주는 편도 아니었다. 딱 하나 단점이 있다면 관리, 감독, 간섭이 많다는 것. 이는 아이가 자율성과 독립심을 키워나가는 데 장애물이 된다. 노규식 원장은 엄마의 지나친 관리, 감독과 간섭을 개선해야 할 가장 큰 요인으로 꼽았다.

★ 관리, 감독 줄이기

어렸을 때부터 아이를 관리했던 부모라면 막상 아이에게 주도권을 넘기려 해도 아이 혼자 제대로 할 수 있을지 불안하고 걱정이 되기도 할 것이다. 그렇다고 관리, 감독을 지속하면 아이 입장에서는 혼자 계획을 세우거나 스스로를 관리하는 방법을 배울 기회를 빼앗기는 것과 마찬가지다. 그리고 내가 뭔가를 하고 싶다는 생각이 들기도 전에 해야 할 것들이 이미 있기 때문에 자발성이 생기기도 어렵다. 불안하고 못미덥다고 해서 아이에게 주도권을 넘기지 않으면 아이는 영원히 스스로 뭔가를 계획해서 성취하는 경험을 해나갈 수 없다. 아이가 혼공을 하기를 바란다면 무엇보다 관리, 감독을 줄이고 스스로 해나갈 수 있도록 시간을 줘야 한다.

★ 칭찬을 통해 성공 경험 쌓아주기

'잔소리하지 않아도 알아서 공부하는 아이'는 모든 엄마의 로망이다. 그런데 아이가 알아서 잘 하지 않으면? 안 그러던 아이가 자꾸만 계획을 못 지키고 공부 패턴이 엉망이 되는 게 눈에 보인다면? 잔소리하고 간섭할 수밖에 없을 것이다. 관리하지 않으면 더 망가질 것 같아서라도 감독을 멈출 수 없을 것이다.

관리, 감독을 줄이라는 것이 곧 손 놓고 아무것도 하지 말라는 의미는 아니다. 정민이처럼 엄마의 관리, 감독을 벗어나본 적이 없는 아이에게는 우선 계획을 잘 실천할 수 있는 몇 가지 쉬운 전략을 일러주고 그 전략이 성공했을 때 부모가 칭찬을 해주는 것이 중요하다. 그렇게 하나씩 스스로 성취해나가는 경험이 쌓이면 자율성이 올라가고, 스스로를 통제할 수 있는 능력도 커진다.

★ 곧장 화내거나 비난하지 않기

아이에게 공부 주도권을 넘긴 이후 가장 유의해야 할 것이 있다. 바로 엄마가 일러준 전략을 따르지 않아 실패하거나 엄마와의 약속을 저버린다고 해서 그 즉시 비난해서는 안 된다는 것이다. 특히 아이의 도덕심이나 인내심을 문제 삼아 비난하면 아이에게 '넌 도덕심이 부족한 아이야, 인내심이 부족한 아이야' 하는 딱지를 붙여주는 셈이다. 그러면 아이는 스스로에 대한 믿음을 저버리고 만다.

'시간 두기'가 가장 중요하다. 옛날에 양반집에서는 자녀를 훈육할 때 '저기 가서 싸리비를 하나 꺾어 오라'고 시키곤 했다. 곧장 화를 폭발시키지 않기 위한 부모의 전략인 셈이다. 엄마와의 약속을 지키지 못했다고 해도 실망해서 그 감정을 바로바로 아이에게 쏟아내서는 안 된다. 잠시 감정을 가라앉힌 후 아이와 대화를 통해 문제를 해결해나갈 수 있어야 한다. 이 과정을 반복하면 아이가 스스로를 통제할 수 있는 때가 온다.

★ 안 하는 게 아니라 못하는 거라고 생각하기

스스로를 조절하고 관리하는 경험이나 능력이 부족한 아이들은 혼공을 안 하는 게 아니라 못하는 것임을 알아야 한다. 그래서 자꾸 유혹에 넘어가고 엄마와의 약속을 못 지키는 것인데 엄마는 '애가 충분히 할 수 있으면서도 왜 이렇게 허튼짓을 할까' 싶어서 더 화가 치밀고 만다. 그러는 대신 지금은 연습이 안 돼서 '못하는' 것이라고 생각해야 한다. 그러면 화와 약간 거리를 두고 마음을 진정시킬 수 있다. 화를 조절하지 못하고 아이에게 "왜 그것밖에 안 되느냐"고 비난을 하면 부정적인 낙인을 찍는 결과가 초래된다.

정민이는 스스로를 조절하고 관리해본 경험이 부족하고, 그러한 능력과 기술이 부족한 상태다. 그렇지만 의욕만큼은 확실하다. 이런 아이에게 부정적 낙인을 찍어버리면 아이 역시 스스로에 대한 믿음을 잃을 수 있다. 그렇기 때문에 지금은 몰라서, 연습이 안 돼서 부족할 뿐이라고 조금은 너그러운 마음을 갖고 아이를 바라봐줘야 한다.

> **노규식 원장과의 상담 이후 엄마의 변화**
> 1. 그동안 아들에게 쏟아냈던 비난과 질책을 진심으로 사과했다.
> 2. 시시때때로 전화해서 관리, 감독하는 행위를 끊었다.
> 3. 아이에게 화가 날 때마다 한 호흡을 쉬는 연습을 하기 시작했다.
> 4. 아이의 공부에 일일이 간섭하지 않기로 했다.

🖉 코드 솔루션   유혹을 보상으로 역이용하라

정민이에게 솔루션을 제공하기 위해 조남호 코치는 직접 정민이네 집으로 향했다. 집에 들어가자마자 가장 먼저 눈에 띈 건 거실 벽을 도배하고 있는 여러 장의 도화지였다. 거기에는 수학은 어떻게 공부해야 하는지, 국어는 또 어떻게 공부해야 하는지가 적혀 있었다. 공부법의 정석이라고 할 법한 각종 정보를 찾아 엄마가 집 안 곳곳에 붙여놓은 것이었다. 또 한 가지, 거실 한쪽에 큼지막한 보드가 자리 잡고 있었는데, 이 역시 엄마의 아이디어였다. 공부 잘하는 아이들 집에서는 보드가 하나씩 다들 있다는 말을 듣고 구입했다며, 정민이가 이 보드를 이용해 엄마, 아빠에게 수학 풀이 과정을 설명하곤 한다고 했다. 직장맘이지만 누구보다 열성적으로 아이들의 공부에 관여해온 엄마, 조남호 코치는 엄마가 정민이에게 권유해온 공부법이 틀리지 않았다고 칭찬하면서도 이제는 정민이를 독립시켜야 할 때라고 이야기했다. 공부습관과 태도 측면에서 문제가 생긴 것이지, 공부법 측면에서는 나무랄 데가 없다는 것이다.

그렇다면 학원은 물론 과외에도 의존하지 않았다는 정민이는 그동안 어떻게 혼자 공부를 해왔을까? 정민이는 가장 자신 있는 과목으로 수학과 영어를 꼽았다. 수학은 혼자서 참고서를 읽으면서 개념을 먼저 이해한 후 문제집을 푸는 방식으로 공부했다. 1년에 보통 예닐곱 권의 수학 문제집을 푼다면서 그동안 풀었던 문제집을 꺼내놨다. 그런데 문제집을 들여다보니 중간중간 풀지 않고 넘어간 문제가 보였다. 심지어 어떤 문제집은 푼 문제보다 안 풀고 넘어간 문제가 더 많을 정도였다. 이유를 묻자 정민이는 이렇게 답했다.

"이미 제가 잘 아는 문제 유형은 풀지 않아요. 모르는 문제만 풀다 보니, 이렇게 그냥 넘어가는 문제도 많아요."

조남호 코치는 이런 식의 문제 풀이 방법을 '쥐 뜯어 먹기 전법'이라고 표현했다. 아는 문제를 또다시 반복해서 풀기보다는 모르는 문제만 쏙쏙 골라서 푸는 게 더 효과적인 방법이라는 것이다.

"인강을 1강부터 50강까지 들으면 완강이라고 하거든요. 보통 서울대학교에 간 친구들은 1강, 2강, 3강, 다 빼먹지 않고 열심히 들었을 것 같죠? 아닙니다. 그건 공부 못하는 아이들의 공부법입니다. 공부 잘하는 애들은 2강, 6장, 15장, 이렇게 쥐 뜯어 먹는 것처럼 인강을 들어요. 불성실한 게 아닙니다. 스스로 아는 거죠. 자신에게 필요한 공부가 뭔지. 정민이는 이미 그걸 하고 있어요. 아는 문제는 패스하고 모르는 문제만 푸는 거죠."

조남호 코치가 흠잡을 데 없이 완벽하다고 칭찬한 정민이의 수학 공부법은 다음과 같다.

정민이의 수학 공부법

1. 일단 개념서를 눈으로 한 번 훑어본 다음, 개념을 소리 내 읽어본다. 그래도 이해가 되지 않을 때는 인강을 들으며 중요한 부분에 밑줄을 치기도 하고, 외워야 할 공식이 있으면 외운다.
2. 개념 이해가 끝나면 문제 풀이를 시작한다. 문제를 풀 때는 노트 위에 풀이 과정을 정리하듯 써 내려간다.
3. 문제를 풀기 전 각기 다른 색깔의 형광펜을 이용해 유형별로 표시를 해두는데, 헷갈리거나 자꾸 틀리는 문제 유형을 구분하기 위해서다.
4. 각각의 문제에 어떤 개념을 도입해야 하는지 써본 후, 문제를 푼다.
5. 답을 틀렸어도 해답지의 풀이 과정을 그 즉시 확인하지는 않는다. 혼자서 다시 한번 풀이 과정을 복기하면서 틀린 이유를 생각해본 후 다른 개념을 대입해본다.
6. 대여섯 번을 반복해서 풀었는데도 계속해서 틀렸다면 해답지의 풀이 과정을 본다. 그리고 본인이 쓴 풀이 과정과 비교해가며 왜 틀렸는지 파악한다.

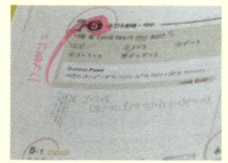 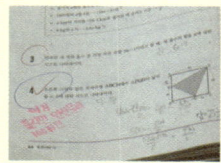 

정민이의 수학 문제집

정민이도 어렸을 때는 잠시 수학 학원을 다닌 적이 있다. 하지만 개념을 확실히 이해하지 못했는데 진도만 빼는 것 같아 학원을 중단하고 혼자 수학 문제를 풀기 시작했다고 한다. 혼자 공부를 하다 보니, '어떻게 하면 문제집을 효과적으로 풀 수 있을까'를 고민하기 시작했고 그 결과 자신에게 맞는 공부법을 터득한 것이다. 학원에서 배울 때보다 진도는 더디지만 이렇게 혼자 힘으로 문제를 풀어가다

보드를 이용해 설명하고 모르는 문제만 푸는 정민이의 공부법

보니 성취감이 생기면서 수학에 재미를 붙이게 됐고, 재미가 있으니 더 열심히 공부하게 됐다.

영어는 어떨까? 초등학교 6년, 중학교 2년을 통틀어 영어 학원은 단 두 달을 다녔을 뿐이다. 정민이의 영어 실력 역시 학원에서 얻어진 것이 아니었다. 초등학교 때부터 그림책과 오디오북으로 영어를 접했고 실력이 쌓인 다음부터는 《해리포터》 같은 두꺼운 소설을 원서로 읽기 시작했다. 영어 책도 나름의 방법을 터득해 읽었다. 처음에는 눈으로 읽고 두 번째는 소리 내 읽어보고 수시로 오디오북을 들으며 발음을 익혔다. 그러다 보니 가랑비에 옷이 젖듯 듣기 능력과 회화 능력도 늘었다고 한다. 정민이에게 영어는 공부라기보다 생활의 일부였다.

그런데 중학교에 올라온 이후부터 엄마는 정민이의 영어가 걱정됐다. 듣고 말하는 데는 문제가 없지만 문법을 제대로 배운 적이 없어서였다. 얼마 전부터는 영문법을 공부하라고 잔소리를 하고 있다는 말에 조남호 코치가 정민이에게 한 가지 질문을 던졌다.

"정민아 to부정사가 주어로 올 수 있을까? 없을까?"

잠시 생각하던 정민이는 "올 수 있지 않을까요?"라고 대답했고, 조남호 코치는 그렇다면 to부정사가 주어로 오는 문장을 하나 만들어보라고 주문했다. 정민이는 망설임 없이 이렇게 대답했다.

"To swim is fun."

조남호 코치는 만면에 웃음을 띠며 엄마에게 이렇게 말했다.

"중학교 영어와 고등학교 영어는 완전히 달라요. 수능에서는 문법 문제가 한 문제밖에 안 나와요. 그러면 왜 문법을 공부하느냐, 어법을 알아야 독해를 할 수 있기 때문이에요. 고등학교 영어의 핵심은 해석이고 독해예요. 정민이는 이미 어법을 모두 알고 있고, 해석과 독해 능력도 있어요. 이미 수능식 영어 공부를 하고 있는 셈입니다."

물론 중학교 시험을 잘 치르려면 문법 공부가 필요하지만, 문법보다는 독해력이 훨씬 더 중요하다. 그런 의미에서 이미 독서로 다져진 정민이의 영어 실력은 수능에 최적화돼 있었다. 그렇다고 해서 문법을 아예 공부하지 않아도 된다는 뜻은 아니다. 이미 독해 능력을 충분히 갖추고 있다면 문법에 굳이 많은 시간을 쏟아부을 필요가 없다는 말이다.

학원을 거의 다니지 않고 혼자서 즐기듯 공부해온 정민이는 아이러니하게도 전문가의 조언이 필요 없을 만큼 공부법은 완벽하게 알고 있었다. 혼자서 공부를 하다 보니 막히는 부분이 생길 때마다 이를 해소할 방법을 고민했고, 그 결과 자신에게 맞는 공부법을 스스로 찾아낸 것이다.

정민이에게 부족했던 건 공부법이 아니라 의지였다. 부모가 그동안 완벽하게 통제해왔던 인터넷 세상이 온라인 수업을 계기로 열리면서 정민이는 신세계를 만났다. 본인 스스로 유혹을 떨쳐내본 경험이 전무했던 아이에게 유튜브의 유혹은 너무나 달콤했고, 결국 그 유혹 앞에서 통제력을 잃은 것이다. 어떻게 의지를 불어넣고, 어떻게 태도를 바꿔줄 것인지가 문제 해결의 열쇠였다.

⭐ 노는 공간과 공부 공간 분리하기

　서울대학교에 간 학생들도 24시간 공부만 하지는 않는다. 그 아이들도 중간중간 놀기도 하고 휴식도 취한다. 대학에 들어갈 때까지 공부만 하라는 건 아이에게 너무 가혹하기도 하거니와 불가능한 일이다. 수험생이라고 해도 마찬가지다. 놀아도 되고 또 놀아야만 한다. 머리도 휴식을 취해야 하기 때문이다. 유튜브를 죄악시하고 무슨 수를 쓰든 이걸 끊어야 한다고 생각하면 정민이에게는 남은 답이 없다. 유튜브를 부모님이 강제로 끊을 수도 있겠지만, 그러면 정민이는 또 다른 곳에서 재미를 찾을 것이다.

　정민이가 공부할 때는 공부에 집중하고, 쉴 때는 유튜브를 볼 수 있도록 구분을 해주는 것이 가장 중요하다. 공부하는 환경과 노는 환경이 합쳐져 있으면 경계가 모호해서 죽도 밥도 안 되는 경우가 많기 때문에 그 둘을 완전히 구분해주는 것이 좋다. 그 자리에 앉아서 온라인 수업을 듣고 같은 컴퓨터로 유튜브도 틀어놓다 보니 경계가 명확히 나뉘지 않아 더 쉽게 유혹에 넘어가고 산만해지는 것이다. 정민이네와 조남호 코치는 상담을 통해 공부하는 공간과 노는 공간을 분리하고, 공부하는 기기와 유튜브를 보는 기기도 나누기로 했다. 일단 공부를 하는 곳은 거실로, 유튜브나 컴퓨터를 하면서 노는 공간은 정민이의 방으로 확실하게 공간을 구분하고, 기기 역시 노트북은 인강용, 태블릿 PC는 유튜브 시청용으로 구분하기로 했다. 이처럼 의식적으로 공간과 도구를 분리하고 구분하기만 해도 모드 전환과 집중에 큰 도움이 된다.

⭐ 시간이 아닌 분량으로 공부 계획 세우기

정민이네 집에는 '하루 네 시간 공부, 주말에는 전과목'이라는 계획표가 붙어 있었다. 그런데 조남호 코치는 이런 계획은 공부에 별로 도움이 되지 않는다고 했다. 몇 시간 공부하겠다는 계획보다는 그날 해야 할 분량, 즉 쪽수로 구체적인 계획을 세우고 실천해야 효율적인 공부를 할 수 있다는 것이다.

아침에 일찍 일어났는데 의욕이 넘쳐나서 그날 세운 분량 계획을 다 끝냈다면 그때부터는 마음껏 하고 싶은 일을 해도 괜찮다. 반대로 늦게까지 책상에 앉아 있었지만 계획한 분량을 끝내지 못했다면 그날은 하루에 1분도 쉬고 놀 수 없다. 이런 식으로 계획을 세우면 빨리 놀고 싶어서라도 더 집중해서 열심히 공부하는 효과를 누릴 수 있다. 또한 자신이 할 수 있는 양이 어느 정도인지 가늠하면서 늘였다 줄였다 분량을 조절하는 능력도 키울 수 있다. 그뿐 아니다. 시간으로 공부 계획을 세우면 '1시부터 2시까지는 유튜브 본다고 계획표에 써놨으니까' 하면서 공부는 다 하지도 않아놓고 유튜브를 볼 수도 있기 때문에 공부시간도 어영부영 때우기 십상이다. 그렇기 때문에 시간 중심이 아닌 분량 중심으로 계획을 세워버릇하는 것이 좋다.

⭐ 분량을 완성하면 죄책감 없는 휴식 취하기

분량을 다 채웠으면 이제 죄책감 없는 휴식을 누리면 된다. 정민이는 유튜브를 봐도 집중해서 보지는 못했을 것이다. 할 일을 다 해놓지 않고 놀이에 빠져 있으니 완전히 즐겁지는 않은 것이다. 마음 한구석에 '공부를 하긴 해야 하는데'라는 불안감이 들고 '이러면 안 되는데, 엄마한테 혼날 텐데' 하는 죄책감도 들기 마련이다. 그렇다고 공부할 때 집중하느냐? 그것도 아니다. 인강 화면을 보거나 문제집을 풀고 있어도 머릿속에는 계속 '유튜브 조금만 더 보고 싶은데, 아까 그 장면 너무 궁금한데' 하는 생각이 맴돈다. 이러면 놀 때도 쉴 때도 집중을 못하기 때문에 아무런 의미가 없다. 공부할 때는 확실하게 공부하고 계획을 다 지켰으면 보상으로 죄책감 없이 놀고 쉴 수 있어야 한다.

공부를 잘하는 아이들에게는 다 취미가 있다. 조남호 코치는 음악을 너무 사랑하는 아이가 자신이 세운 계획을 끝낼 때까지는 음악을 안 듣겠다는 방침을 정해서 스스로를 더 집중할 수 있도록 몰아세운 사례도 봤다고 했다. 이렇게 하면 좋아하는 음악을 마음놓고 즐기기 위해서라도 더 열심히 공부할 수 있다.

죄책감 없는 휴식을 즐기는 법

1. 매일매일 공부할 분량을 구체적으로 정한다.
2. 계획한 분량을 모두 끝내면 잠들 때까지 마음껏 논다.
3. 만일 계획한 분량을 끝내지 못했다면 그날은 단 1분도 놀 수 없다.
4. 공부하는 중간중간에 휴식을 취할 수는 있지만, 눈을 감고 머리를 식히는 정도의 휴식을 취해야지 놀이를 해서는 안 된다.
5. 주중에는 분량 계획에 따라 공부하고, 주중에 끝내지 못한 분량은 모아서 토요일에 끝낸다.

★ 매일매일 분량 계획을 지켜나가면서 자신에게 적당한 공부 분량을 찾아가는 것이 중요하다.

최고로 성실하지만 혼자서는 집중을 못 하는 아이

◆ 〈혼공시대〉에서 만난 두 번째 아이 앤디, 앤디는 첫인상부터가 의젓하고 듬직한 모범생 스타일이었다. 아니나 다를까 초등학교 6년 내내 반장을 놓친 적이 없을뿐더러 중학교에 와서도 줄곧 반장 역할을 도맡아 했다고 했다. 다재다능하기까지 했다. 글짓기 대회, 영어 말하기 대회, 미술 대회 등 나가는 대회마다 늘 수상자 리스트에 이름을 올렸고 모범상, 봉사상, 공로상, 성실상까지 학교 안팎에서 주는 상이란 상은 죄다 휩쓸었다. 모든 엄마가 부러워한다는 이른바 '엄친아'가 바로 앤디였다. 앤디가 엄마의 자랑이었음은 말할 것도 없다. 단지 상을 많이 받고 반장을 해서 그런 게 아니었다. 엄마를 가장 뿌듯하게 했던 것은 앤디의 성실함이었다. 어렸을 때부터 엄마가 조금만 도와주면 누구보다 열심히 따라왔고, 학원에서도 마찬가지였다. 영어든 수학이든 논술이든

한번 학원에 다니기 시작하면 중도에 그만두는 법이 없었고 늘 학원 선생님들의 칭찬을 받곤 했다. 숙제를 해도 수행평가를 해도 앤디는 남들보다 몇 배를 노력했다. 결과가 좋을 수밖에 없었다. 끌어주면 끌어주는 대로 성과를 내니 엄마 입장에서도 키우는 재미가 있었다. 그런데 집에서 혼자 공부해야 하는 상황이 되자 그 성실함이 거짓말처럼 사라져버렸다.

매일 아침 열 번은 깨워야 겨우 침대에서 일어나 책상 앞에 앉는 것도 속이 터질 지경인데, 문틈으로 살짝 들여다보면 졸거나 자고 있기 일쑤, 심지어 온라인 수업을 받는 내내 잠들어 있는 날도 허다했다. 하루 열 시간 넘게 자고도 또 졸리다고 하니 엄마는 눈앞에 펼쳐지고 있는 현실을 도저히 믿을 수가 없었다. 그렇게 부지런하고 성실하던 모범생 앤디는 도대체 어디로 사라져버린 것일까?

당황스러운 마음에 매일매일 잔소리를 늘어놔도 달라지는 건 없었다. 오히려 모자간에 보이지 않는 벽만 쌓이는 것 같았다.

"방법만 알면 도와주죠. 임원 시키는 방법은 진짜 책도 낼 수 있을 만큼 잘 알아요. 그런데 지금은 앤디를 어떻게 도와야 할지 도무지 모르겠어요."

혼공 프로젝트에 참여하고 싶다고 신청을 해온 엄마들 중 상당수가 앤디 엄마와 비슷한 고민을 안고 있었다. 개학이 수차례 미뤄지면서 아이들의 수면패턴과 생활패턴이 무너지기 시작했다. 온라인 수업이라도 시작하면 좀 나아질까 기대했는데 웬걸? 수업에 도통 집중

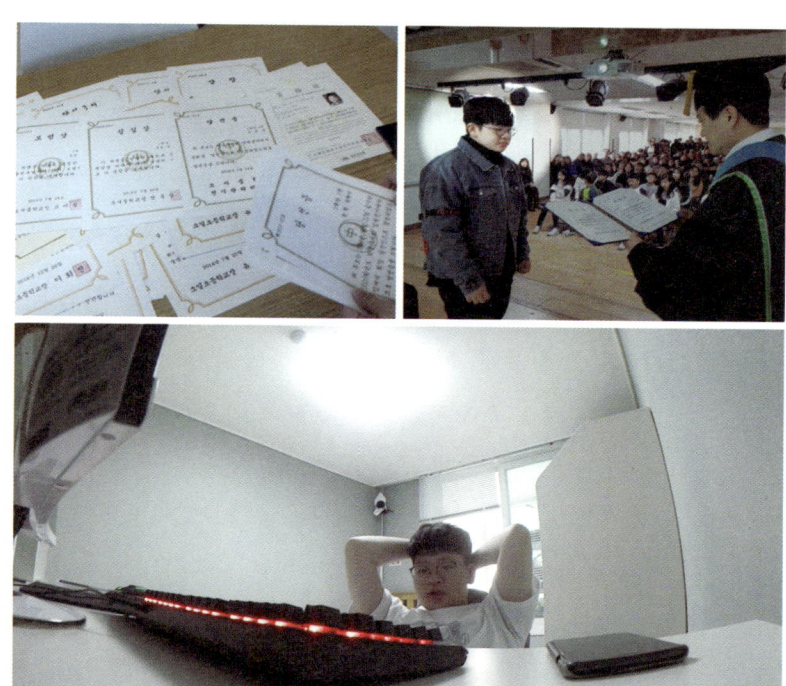

줄곧 모범생이었지만 온라인 강의시간에도 잠에 취해 있는 앤디

하지 못하고 졸거나 종일 멍하니 있는 게 아닌가? 교육 관계자들은 "학교 시간표대로 규칙적으로 생활하면서 실제 수업을 듣는다는 마음가짐으로 온라인 수업을 들어야 한다"고 조언하지만 집이라는 편안한 공간에서 그런 마음가짐을 갖는다는 게 쉬운 일은 아니다.

그러다 보니 스스로를 관리하는 능력이 뛰어난 아이들은 코로나 상황에서도 어느 정도 학업능력을 유지하고 있지만 그렇지 못한 아이들은 아예 수업을 포기하는 상황까지 벌어졌다. 결국 자기관리 능력이 뛰어난 아이들, 즉 혼공이 가능한 아이들만이 생존하는 시대가 된 것이다.

✏️ 아이를 위한 솔루션 자신에게 관대해져라

늘 모범생이었고 성실하게 주어진 공부를 해냈고 엄마의 자랑이었던 앤디의 변화는 사실 하루아침에 벌어진 일이 아니었다. 온라인 수업을 하니 이제야 엄마 눈에 보였을 뿐, 앤디는 자신의 속마음을 제작진에게 털어놨다. 1년 전부터, 그러니까 중학교 2학년에 들어오면서부터 뭔가 조금씩 구멍이 생기고 있다는 것을 깨달았다는 것이다. 학원에서 선행했던 국, 영, 수에는 자신이 있었다. 문제는 학원에 다니지 않는 과목이었다. 사회, 과학, 도덕은 며칠 밤을 새워가며 공부해도 도무지 성적이 나오지 않았다. 이 과목들을 혼자 공부해보려 했지만 어디서부터 어떻게 시작해야 할지 감조차 잡히지 않았다. 그러다 보니 엄마의 도움을 받을 수밖에 없었다. 엄마와 앤디는 한 팀처럼 움직이며 공부를 했다. 하지만 그 역시 금세 한계를 드러냈다. 그렇게 서서히 공부에 대한 자신감이 떨어진 상태에서 온라인 수업이라는 새로운 환경을 맞이했고, 혼공이 어려웠던 앤디에게 온라인 수업은 그야말로 고역이었다. 게다가 자신을 지켜보는 시선마저 사라지고 나니 수업에 대한 집중력도 급격히 떨어졌다. 앤디에게 대체 무슨 일이 벌어졌던 것일까?

앤디는 어려서부터 또래들과 달리 성실했다. 중간에 학원을 그만

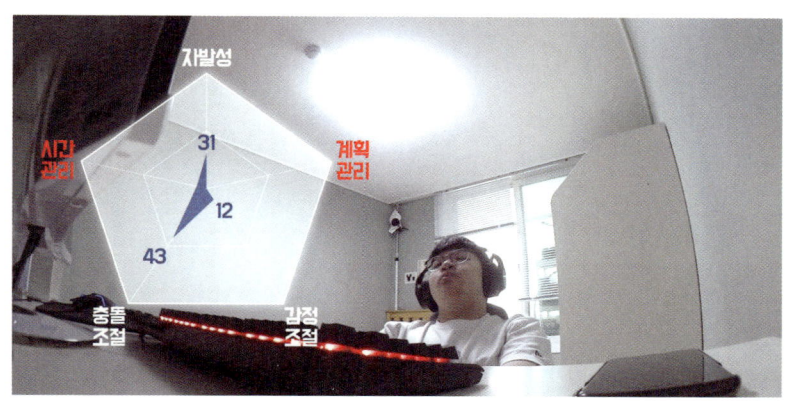

앤디의 자기주도학습 관리능력 검사 결과

두 거나 몇 번씩 학원을 옮기는 대부분의 아이들과 달리 앤디는 단 한 번도 학원에 대해 투정을 한 적이 없다. 일곱 살 때부터 다녔던 학원을 지금까지 쭉 다니는 것만 봐도 앤디의 성실함을 엿볼 수 있다. 그런데 여기에 맹점이 있었다. 줄곧 모범생 소리를 듣고 자란 앤디 입장에서는 실패가 두려울 수밖에 없었다. 엄마가 일러주는 대로, 학원에서 시키는 대로 열심히 따라만 가면 실패할 일이 없다는 것을 앤디는 일찌감치 깨달았는지도 모른다. 그러다 보니 혼자서 뭔가를 계획하고 또 새롭게 도전하는 일이 자연스레 점점 줄어들었고, 그 후폭풍이 이제야 찾아온 것이다.

앤디의 그런 특징은 자기주도학습 관리능력 검사에도 고스란히 드러났다. 시간관리 능력, 자발성, 감정조절 능력이 모두 평균보다 현저히 낮게 나타났고, 계획관리 능력은 거의 제로에 가까웠다. 그러니 계획을 짜도 이를 지키기 어려웠고, 학원주도 학습에 길들어 있다 보니 혼공이 더 두려웠는지 모른다. 뿐만 아니라 앤디를 지탱해왔던 외부의 시선이 사라지면서 공부에 대한 동기부여까지 약해졌다. 앤디도 "학교에서의 모습은 모범생이었을지 모르지만, 집에서는 완전히 반대였다. 숙제도 혼자 자발적으로 해본 적이 없고 시키면 하는 식이었다"고 고백했을 정도다. 지켜보는 사람이 없어지니 모범생 앤디도 사라지고 만 것이다.

★ 되든 안 되든 일단 시작하기

노규식 원장은 앤디처럼 성실한 아이는 혼자 계획을 세우고 상황을 조절할 수 있는 능력이 충분하지만, 한 번도 그런 경험을 해보지 못해서 지금의 문제가 일어났다고 진단했다. 뭐든 부모님에게 기대서 해결했기 때문에 혼자서는 새로운 시도를 해볼 엄두가 안 나는 상태에 빠진 것이다. 앤디는 공부를 하려고 해도 어디서부터 뭘 어떻게 시작해야 할지 막막하고, '이걸 한 달 전에 시작하면 과연 끝낼 수 있을까? 지금 이 공부법이 맞는 걸까? 이렇게 하면 시험을 잘 볼 수 있을까?'라는 의문이 자주 들었다고 했다. 그렇지만 절대적인 공부법은 이 세상에 없다. 세상에 수많은 공부법이 있어도 자신에게 맞는 것을 찾아야 하고 그것을 찾으려면 해봐야 한다.

굉장히 빠른 공을 던질 수 있는 튼튼한 어깨를 가진 야구선수도 공을 많이 안 던져보면 제구력이 좋을 수가 없다. 앤디의 상황이 딱 그렇다. 많이 던져봐야 제구를 잘 할 수 있듯, 결국에는 되든 안 되든 일단 해봐야 한다. 정답을 알기 전까지는 꼼짝도 하지 않겠다고 생각해서는 아무리 훌륭한 능력이 있어도 빛을 발할 수 없다.

★ 스스로 선택한 방법으로 효능감 키우기

앤디는 지금껏 엄마에게 많은 부분을 의존했기 때문에 자발성이 낮았다. 무엇이든 스스로 어떤 방식으로 할지 결정해서 그대로 실행해보고 조금씩 성공의 경험을 맛보면 자기효능감이 생기는데, 앤디에게는 그럴 만한 기회가 없었다. 선생님이나 부모가 시키는 대로 잘 따라서 성취를 해냈다고 해도 그건 외부에서 오는 성취감이기 때문에 반쪽짜리일 수밖에 없다. 이러한 상황이 계속되면 외부의 인정이 있어야만 움직이게 되기 때문에 자기주도학습을 할 수가 없다. 그렇기 때문에 시행착오를 겪더라도 내가 선택한 방식과 방향으로 움직여서 조금씩 자기효능감을 키워나가야 한다.

★ 작은 성취로 불안감 이겨내기

앤디는 감정조절 능력도 취약해서 불안을 많이 느끼고, 조금 안 된다 싶으면 겁을 내거나 부정적인 예상에 확 빠져버리는 성향이 있었다. 이럴 때는 사소한 것이라도 뭐든 시도해서 처음에는 안 되던 것이 하니까 되는 경험을 해보는 것이 좋다. 그런 작은 성취감이 쌓이면 두려워하지 않고 새로운 시도를 해볼 수 있다. 아주 사소한 것부터 스스로 계획하고 도전하며 선을 넘다 보면 두려움은 언제 그랬냐는 듯이 사라진다. 공부와 상관없는 작은 것이라도 좋다. 운동이나 악기 등의 취미생활에서 작은 성취의 경험을 해보는 것도 추천할 만하다.

📝 엄마를 위한 솔루션 실패할 기회를 제공해라

'인생을 살다 보면 실패를 할 수도 있고 시행착오를 겪을 수도 있다' 는 사실을 깨달아야 도전이 두렵지 않을 텐데 앤디 엄마는 지나치게 아이를 관리하며 온실 속에서 키워온 경향이 있었다. 아이에게 길을 알려주고 아이 앞의 돌멩이를 치워주는 게 이제까지 앤디 엄마가 해온 역할이었다면, 이제부터는 한 발짝 떨어져서 아이의 도전을 응원하고 격려줘야 한다. 설사 아이가 실패하더라도 '괜찮아. 그럴 수 있어' 하며 웃어넘길 줄 아는 여유가 무엇보다 필요하다.

★ 조금씩 쪼개서 목표를 설정하도록 돕기

앤디 엄마는 아이에게 성취 압력을 평균보다 많이 주는 편이었다. 이럴 경우 앤디처럼 불안도가 높은 아이들은 완벽한 결과를 내려고 하기 때문에 주의할 필요가 있다. 완벽하지 않을 것 같으면 끝까지 미루다가 더 이상 미룰 수 없을 때가 되어서야 후다닥 해버리곤 하기 때문이다. 완벽주의에 빠지면 오히려 아무것도 하지 않으려 하는 부작용이 생기고 만다. 엄마는 이런 부분을 조금씩 개선해나갈 수 있도록 도와줘야 한다. 처음부터 100%를 바꿀 수는 없기 때문에 "이번에는 10%만 바꿔보자, 이건 확실히 되겠지?" 하는 식으로 목표에 가볍게 접근하고, 아이도 자신의 목표를 이런 식으로 쪼개서 설정할 수 있도록 도와야 한다.

★ 일관된 태도로 침착하게 대하기

앤디 엄마는 아이를 상당히 지지해주고 항상 따뜻하게 대하고 수용해주는 편이었다. 그런데 그 정도가 평균보다 훨씬 높기 때문에 그렇지 않은 보통의 환경에 가면 아이가 겁을 먹을 수 있다는 부작용이 있다. 더군다나 이런 엄마의 태도마저 일관적이지 않았다. 아이가 약속한 대로 잘하지 못하면 처벌을 하겠다는 위협적인 태도도 보였고, 온라인 클래스를 성실하게 듣지 않으면 눈속임을 한다고 비난하기도 했다. 앤디처럼 민감한 아이는 이럴 경우 엄마 눈치를 보고 때로 도망을 가고 싶기도 했을 텐데, 지금껏 성실하게 해왔던 것은 엄마의 관심과 타인의 시선에 그만큼 영향을 많이 받기 때문이었다. 이제 아이에게 공부권력을 이양하되, 어떤 결과가 나오든 일관된 태도로 침착하게 지지해줘야 할 때이다.

★ 선을 넘도록 격려해주기

안전한 것을 원하는 사람은 절대 선을 넘지 못한다. 그러면 평생 제한된 테두리 안에서만 살아야 한다. 앤디의 현재 처지가 딱 그렇다. 그렇기 때문에 아이가 선을 넘도록 독려해줘야 한다. 조금 선을 넘어볼까, 하고 제안해주고 아이가 넘고 나면 뿌듯해하는 모습으로 보상해주면 된다. 그러면 아이는 충분히 변화할 수 있다. 앤디에게는 독립의 위험을 감수할 기회, 스스로 결정하고 책임도 자신이 지겠다는 모험심이 필요하다. 그리고 엄마 역시 아이의 도전을 한 발 떨어져서 지켜볼 용기를 가져야 한다.

대부분의 엄마는 아이가 행여 돌부리에 걸려 넘어질까 봐 미리 돌을 치워주고 가파른 길이 나타나면 먼저 뛰어가서 손도 잡아준다. 그렇게 미리 보호막을 쳐주면 넘어지지는 않겠지만, 안전한 길만 걷다 보니 험한 길을 두려워하게 되고 혼자서 그 길을 가기를 주저하게 된다. 공부 역시 마찬가지다. 아이 혼자 공부하다 보면 틀릴 수도 있고 효율적이지 않을 수도 있다. 하지만 인내심을 갖고 지켜봐줘야 한다. 그래야 스스로 공부하는 법을 깨달을 수 있다.

양육에서든 공부에서든 답을 알려주기보다는 스스로 도전할 수 있도록 돕는 것이 중요하다. 실패도 하고 상처도 받아보고, 이를 극복하는 과정을 거쳐야 굳은살이 박인다. 그래야 혼공도 할 수 있고 더 나아가 전쟁터 같은 세상에서 살아갈 힘도 생긴다.

노규식 원장과의 상담 이후 엄마의 변화

1. 앤디 스스로 알람을 맞춰서 일어날 수 있도록 깨워주는 것을 중단했다.
2. 그동안 앤디가 기피했던 것들을 사소한 것부터 하나씩 시작해보도록 했다.
3. 앤디의 일에 더 이상 참견하지 않고 스스로 뭔가를 결정할 때까지 기다려주기로 했다.
4. 독립성과 자율성을 키워주기 위해 아이들에게 집안일을 나눠서 하자고 제안했다.
5. 엄마가 사소한 것에도 놀라면 아이도 영향을 받기에 엄마 스스로 조금 더 담대해지기로 했다.

✏️ 코드 솔루션 암기하지 말고 이해해라

뜨거운 햇살이 내리쬐던 여름날, 조남호 대표가 앤디네 집을 찾았다. 일단 앤디의 방부터 꼼꼼히 살폈는데, 책장이며 책상 위까지 깔끔하게 정리돼 있었다. 정리가 잘 돼 있을수록 집중력을 높이기 쉽기에 이는 칭찬할 만한 일이었다. 또한 공부하는 책상과 컴퓨터 책상을 나눈 것도 탁월한 선택이라고 진단했다. 흔히들 공부하는 책상 위에 컴퓨터를 놓아두기 마련인데 그러다 보면 쉽게 유혹에 빠질 수 있기 때문이다. 일단 공부 환경에서만큼은 합격점을 받았다.

이제는 앤디가 평소에 어떻게 공부하는지를 점검해볼 차례다. 앤디는 어려서부터 영어와 수학, 논술 학원을 꾸준히 다녔다며, 가장 자신 있는 과목으로 영어와 수학, 국어를 꼽았다. 반면 학원을 다니지 않은 사회나 과학은 아무리 공부해도 성적이 제대로 나오지 않는다고 말했다. 수학 문제집을 펼쳐서 살펴보니, 처음부터 끝까지 한 문제도 빼놓지 않고 꼼꼼하게 풀려 있었다. 그리고 특이하게도 똑같은 문제집이 두 권이나 있었는데, 이유를 묻자 앤디는 학원에서 문제집을 풀고 난 후 혼자서도 그 문제를 풀 수 있는지 확인하기 위해 똑같은 문제집을 반복해서 풀어왔다고 했다.

이번에는 앤디가 가장 자신 없다는 사회와 과학 참고서를 꺼내 들었다. 거의 모든 페이지마다 동그라미가 그려져 있고 밑줄이 그어져 있었다. 노력의 흔적이 엿보였다. 그런데도 왜 성적은 앤디의 노력을 배신해왔던 것일까?

앤디의 공부 환경과 공부 방식을 모두 점검한 조남호 코치는 앤

앤디의 수학 문제집과 사회 참고서

디 모자와 마주 앉았다. 그리고 공부에 대한 앤디의 열정과 의지를 높이 평가했다. 하지만 그럼에도 혼공을 할 수 없었던 가장 큰 이유는 공부하는 방법이 잘못됐기 때문이라며 "앤디에게 공부란? 곧 암기다"라는 말로 솔루션의 포문을 열었다.

"영어 공부해봐, 하면 앤디는 일단 영어 어휘를 외우고요. 어법을 외우고요. 독해집을 외울 거예요. 맞지? 수학도 마찬가지예요. 유형을 달달 외워서 시험을 보죠. 사회나 과학도 마찬가지! 맞죠?"

그 말을 듣자마자 앤디는 고개를 끄덕였다. 조남호 코치의 예측은 한 치도 틀리지 않았다.

앤디는 시험을 앞두면 교과서를 통째로, 한 자도 틀리지 않고 외워버리겠다는 각오로 공부에 임했다고 한다. 하지만 성적은 늘 기대에 미치지 못했다. 그때마다 노력이 부족했다고 자책하며 다음번에는 열심히 공부하겠다고 다짐했지만 노력에 비해 성과가 나지 않으니 자신감이 떨어지기 시작했다는 것이다. 조남호 코치는 암기 위주의 공부법을 가장 큰 문제점으로 꼽았다. 어려서부터 열심히 학원을 다니며 기본기를 쌓았던 국, 영, 수는 아직 무너지지 않았지만 이 또한 고등학교에 올라가면 장담할 수 없다며 그 이유를 차근차근 설명했다.

"어머님이 공부하던 시절에는 전국에서 암기 제일 잘하는 학생이 서울대에 갔습니다. 2등은 전국에서 두 번째로 암기 잘하는 애, 3등은 세 번째로 암기 잘하는 애. 그래서 어머니는 은연중에 아들에게 암기식 공부법을 전수했을 겁니다. 그런데 지금은 그때와는 시대가 달라졌습니다. 시험도 달라졌고요. 그리고 앤디처럼 성실하고 태도가 좋은 아이들은 엄마가 시키면 그대로 합니다. 그게 문제였던 겁니다."

앤디처럼 엄마 말을 잘 듣는 모범생 스타일의 아이들은 엄마가 일러준 공부법이나 학원에서 일러준 공부법을 열심히 따라가고자 노력한다. 그러다 보면 스스로 생각하기보다 암기 위주의 공부법에 익숙해질 가능성이 높다. 엄마는 사실 그동안 앤디의 암기 파트너

역할을 해왔다. 초등학교 때까지는 이런 아이들이 공부를 잘할 수 있지만 공부량이 많아지는 중학교 2, 3학년쯤이 되면 조금씩 한계가 오기 시작하고 고등학교에 올라가면 암기 위주의 공부법이 더 이상 먹히지 않는다. 앤디가 공부할 때 느꼈던 답답함의 원인이 바로 여기에 있었다. 그러던 차에 온라인 수업이라는 낯선 환경과 마주하게 되자 뭘 어떻게 해야 할지 도무지 알 수가 없었던 것이다. 무엇을 해야 할지 모르는 상황에서 어떻게 수업에 집중할 수 있을까? 그 막막함이 공부와 수업에 대한 흥미를 잃게 만들었다.

★ 끊임없이 '왜'를 묻기

그렇다면 무엇을 어떻게 바꿔야 할까? 조남호 코치는 암기를 이해로 바꾸는 'Why 공부법'을 제안했다. 교과서를 토씨 하나 안 틀리고 통째로 외운다는 것은 껍데기를 외우는 것과 마찬가지다. 껍데기를 외울 게 아니라 알맹이를 이해해야 진짜 공부다. 알맹이를 이해하려면 모든 것을 아무런 의문 없이 그대로 받아들이는 것이 아니라, 하나하나 꼬투리를 잡고 '왜 그렇지?'라고 생각해봐야 한다. 혼공을 잘 하는 아이들은 당연하게 여겨지는 단어 하나에도 '왜 그렇지?' 하면서 의문을 제기한다. 스스로에게 끊임없이 질문하고 답을 찾아서 이해하는 것이 'Why 공부법'이다. 지금 보고 있는 페이지에 있는 내용에 모두 'Why'를 붙이고 답을 찾다가 더 이상 찾을 답이 없으면 그제야 공부가 끝난다고 생각해야 한다.

이해해서 내 것으로 만든 내용은 영원히 간다. 하지만 단순히 암기만 하면 재미없는 중노동이나 마찬가지고 시간이 가면 그 내용마저 흐릿해진다. Why 공부법으로 능동적으로 공부를 하면 자연스럽게 흥미와 집중력을 올릴 수 있다.

★ 'Why'의 답을 찾아 나의 말로 바꾸기

공부를 하다가 의문이 생겼다면 그때 자습서나 인강이나 학원 등 모든 수단을 활용해 답을 찾아야 한다. 자신의 의문을 주도적으로 해결하기 위한 수단으로써 다른 것을 찾아야 한다는 뜻이다. 학원이 필요하다면 그냥 엄마가 정해주는 학원을 다니는 게 아니라 이마저도 스스로 판단해서 '이 학원이 필요하다'고 결정할 수 있어야 한다. 그리고 다니다가 자신의 궁금증을 해결해줄 수 없을 것 같으면 한 달 지나서 다른 학원을 선택할 수 있어야 한다. 스스로 학원을 알아볼 시간이 없다면 이런 커리큘럼으로 이런 책을 이때까지 끝내주는 학원을 알아봐달라고 엄마에게 구체적으로 요구하는 것도 하나의 방법이다. 이러한 과정을 거쳐서 의문에 대한 답을 찾았다면 이제는 자기 말로 설명을 해볼 차례다. 머리로는 다 이해한 것 같아도 막상 말로 해보면 막히는 부분이 생기기 마련이다. 말로 설명을 하면서 이해를 보강해나가면 미진한 부분까지도 말끔하게 해소된다.

조남호 코치가 제안한 세부 솔루션

1. 앤디는 어떤 과목이든 여러 권이 아니라 한 권의 문제집을 사서 끝까지 푼다는 특징이 있었다. 이런 공부법은 하나의 문제집을 집중도 있게 파고든다는 점에서는 장점이 될 수 있지만, 만일 이해하기 위해서가 아니라 통째로 외워버리기 위해 문제집을 한 권만 선택했다면 이는 좋은 공부법이라고 할 수 없다.

2. 똑같은 문제집을 두 권 사서 하나는 학원 수업 때 사용하고 또 하나는 내 힘으로 혼자 풀어본다는 자세는 상당히 좋다. 하지만 두 권의 문제집이 모두 다 완벽하게 풀려 있고 심지어 대부분의 문제를 다 맞혔다는 사실은 문제다. 수학 문제집을 푸는 목적은 틀리기 위해서다. 모르는 문제를 확인하고 이것을 다시 풀어보는 데 의미를 둬야 실력이 는다. 아는 문제를 굳이 또다시 풀 필요는 없다.

3. 앤디는 수학 문제집의 빈 공간에 마치 낙서하듯 지저분하게 풀이 과정을 써놨는데 이런 습관을 개선해야 한다. 수학 문제를 풀 때는 노트에 필기를 하듯 깔끔하게 풀이 과정을 정리해두는 것이 좋다. 그래야 정답이 틀렸을 때 어느 부분에서 오류가 생겼는지를 확인할 수 있기 때문이다.

4. 사회 참고서와 교과서에 쳐놓은 동그라미와 밑줄은 얼핏 보면 열심히 공부한 흔적 같지만 이는 핵심을 파악하지 못하고 있다는 의미이기도 하다. 모든 단어와 문장에 밑줄을 치기보다는 이해가 되지 않는 부분에 'why?'를 써놓고 그 부분을 이해한 후 핵심을 파악하는 것이 중요하다.

책상에는 붙어 있는데 성적은 안 나오는 아이

◆ 한때 학원에서 수학 강사로 활동했다는 세윤이 엄마는 교육에 대한 자신만의 생각이 확고했다. 학원에 다닌다고 해서 아이들이 다 공부를 열심히 하는 것도 아니고, 레벨이 높다고 해서 실력이 좋은 것도 아니라는 것. "학원이나 과외의 도움을 받아서 억지로 공부해봤자 본인의 의지가 없으면 말짱 도루묵이더라고요. 결국 공부는 혼자 하는 거라고 믿어왔어요."

첫째 딸이 외국어고에 입학할 때까지만 해도 그 믿음은 흔들리지 않았다. 그런데 문제는 둘째 세윤이였다. 중학교 2학년 첫 중간고사 성적표를 받아본 순간, 엄마는 더 이상 세윤이를 방치해서는 안 되겠다고 생각했다. "혼자 공부해서 성공하는 아이가 있고, 혼자 공부가 도저히 안 되는 아이가 있구나 깨달았죠."

엄마가 세윤이의 공부에 개입하기 시작한 것도 그 무렵이다.

처음에는 학원에 보낼까도 생각해봤지만 학원과 세윤이가 잘 맞을 것 같지 않았다. 진도를 빨리 빼고 보는 게 학원의 생리인데, 학원의 빠른 수업을 따라가기에 세윤이는 공부의 기초가 부실했다. 무턱대고 학원에 보냈다가 죽도 밥도 안 될거라는 생각에 직접 세윤이를 가르치기로 마음먹었다. 국, 영, 수 주요 과목만 봐주겠다는 마음으로 시작했는데, 어쩌다 보니 국, 영, 수는 물론이고 사회, 과학, 도덕까지 전 과목에 손을 대기 시작했다. 함께 공부하는 시간이 점점 늘어나면서 엄마의 사생활은 사라져버렸다. 사생활이 사라졌다 한들 성적만 오른다면 무슨 걱정이랴. 이상하게도 성적은 점점 더 떨어졌다. 엄마는 도무지 이게 어떻게 된 일인지 이해할 수가 없었다.

"수학 같은 경우에도 개념 문제집 풀고 기본 문제집 풀고 실력 문제집과 심화 문제집까지 풀거든요. 그런데 성적은 60, 70점 나오는 거예요. 그 정도 풀면 아무리 못해도 90점은 넘어야 해요. 역사도 마찬가지예요. 교과서도 보고 자습서도 보고 문제집도 푸는데 52점 나왔어요. 공부를 아예 안 해도 그 정도 점수는 나오거든요."

그렇다면 세윤이가 엄마의 수업을 따라가지 못하거나 엄마와 함께하는 공부에 흥미를 느끼지 못하는 건 아닐까? 그런데 그건 아닌 것 같았다. 세윤이는 엄마가 하는 설명이 가장 이해하기 쉽고 머리에 쏙쏙 들어온다며 엄마 없이 공부하는 건 상상할 수 없다고 했다. 수업이 문제가 아니라면 세윤이의 노력이 부족한 건 아닌지 관찰 카메라를 설치해 지켜보기로 했다. 그런데 며칠을

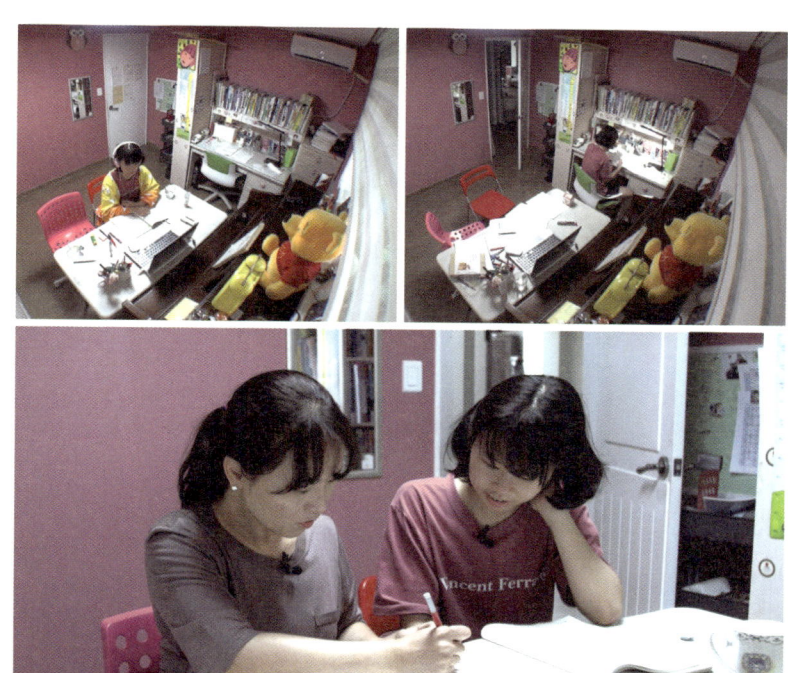

책상 앞을 떠나지 않지만 성적이 잘 안 나오는 세윤이

지켜본 결과, 세윤이가 딴짓을 하는 것 같지도 않았다. 아침부터 늦은 밤까지 책상 앞을 떠나지 않았고, 아무리 졸려도 눕는 법이 없었다. 의자에 앉아 꾸벅꾸벅 졸면서도 책상 앞을 지키고 있는 모습이 안쓰럽기까지 했다. 노력을 할 만큼 하고도 매번 성적에 배신당하니 공부를 가르치는 엄마도 공부를 하는 세윤이도 재미 있을 리 없었다. 도대체 뭐가 문제일까?

"그동안 공부는 자기주도로 해야 한다고 생각했는데요. 제 생각이 틀릴 수도 있다고 생각해요. 그게 안 되는 아이도 있지 않을까. 이쯤 되니 건강검진 받듯 한번 점검을 받아볼 필요가 있겠다 싶었어요. 우리 아이가 지금 자기주도학습을 제대로 하고 있는지 말이죠."

✏️ 아이를 위한 솔루션 나 자신을 믿어라

모든 과목을 엄마와 함께 공부한다는 세윤이, 세윤이는 학원보다는 엄마가 가르쳐줄 때 가장 이해가 잘된다면서 엄마와 함께하는 공부에 만족감을 표시했다. 게다가 책상 앞에 앉아 있는 시간이 하루에 열 시간은 족히 돼 보였다. 본인에게 맞는 최고의 과외 선생님이 24시간 대기하고 있고, 책상 앞에 앉아 오래 버틸 수 있는 무거운 엉덩이까지 갖췄는데 왜 시험만 봤다 하면 성적이 잘 나오지 않는 걸까?

세윤이의 자기주도학습 관리능력 검사 결과를 보면, 세 아이 중 자발성과 시간관리 능력이 가장 뛰어났다. 문제는 감정조절 능력이었다. 부정적인 감정을 해소하는 이 능력이 다른 아이들에 비해 많이 낮았다. 기대한 만큼, 공부한 만큼 성적이 나오지 않았던 이유는 이 때문이었다.

세윤이는 노규식 원장과의 면담에서 이렇게 자신의 고민을 털어놨다. "시험 보기 전까지는 분명 아는 것 같았어요. 그런데 시험지만 받아 들면 갑자기 머릿속이 하얘지면서 답이 헷갈리기 시작해요. 그

세윤이의 자기주도학습 관리능력 검사 결과

래서 몇 번씩 답을 고치다 보니까 더 많이 틀리는 것 같아요."

시험 볼 때의 세윤이처럼 마치 뇌가 정지되는 것 같은 이러한 현상을 노규식 원장은 '얼어붙은 뇌'라고 표현했다. 순식간에 뇌가 얼어붙으면서 삐거덕거리고 잘 돌아가지 않는 현상이다. 잘해야 한다는 압박감에 과도하게 긴장하거나 성공에 대한 부담감이 커지면 뇌속 프로그램이 제대로 작동하지 않는다. 이처럼 뇌가 얼어붙어 있으면 아무리 좋은 선생님을 붙여줘도 아무리 책상 앞에 오래 앉아서 공부해도 별 효과를 볼 수 없다.

이는 그 어떤 씨를 뿌려도 얼어붙은 땅에서는 싹이 나지 않는 것과 같은 이치다. 한겨울에 땅이 얼어붙어 있으면 제아무리 귀한 꽃씨를 뿌린다 한들 무슨 소용일까. 그렇다면 세윤이의 얼어붙은 뇌를 어떻게 하면 녹여줄 수 있을까?

★ 충분히 노력하고 결승선에 섰을 때는 스스로를 믿기

세윤이는 공부에 대한 생각을 묻는 노규식 원장에게 이렇게 대답했다. "공부를 열심히 하면 잘 볼 수 있는 확률이 높아지지만 그렇다고 그게 꼭 매번 나한테 일어나는 일은 아니죠." 맞는 말이다. 하지만 지나치게 자신을 믿지 못하기 때문에 나오는 말이기도 하다. 공부를 할 때는 이처럼 자신을 의심하는 과정이 필요할 수도 있다. '내가 충분히 한 것 맞나, 더 할 수 있지 않나?' 하는 생각이 최선을 다할 수 있도록 도와주기 때문이다. 그렇지만 시험을 볼 때는 스스로를 확실하게 믿어야 한다.

그런데 많은 사람이 이를 거꾸로 한다. 평소에는 자기를 믿고 놀다가 시험 보는 날에는 스스로를 믿지 못하고 떤다. 기억력에 자신 있는 사람 50명과 자신 없는 사람 50명에게 똑같은 기억력 문제를 내면, 스스로 기억력이 좋다고 믿은 사람이 더 좋은 결과를 낸다. 기억력 테스트상으로는 비슷했는데, 스스로를 믿은 사람이 더 좋은 결과를 낸 것이다. 객관적인 능력만큼이나 주관적인 믿음도 중요하다는 뜻이다.

세윤이는 평소에 열심히 노력하는 아이이기 때문에 자신을 믿는 연습을 자주 해줄 필요가 있다. 공부를 할 때도 '이해할 수 있어, 기억할 수 있어'라고 스스로에게 자신감을 북돋워주는 것이 좋다. 그리고 시험 당일이 되어 압박감이 느껴지면 신체 반응을 긍정적인 쪽으로 해석하는 것도 하나의 방법이다. '시험 준비가 안 된 것 같아 불안해 미치겠다'라고 생각하는 게 아니라 '이렇게 떨리는 걸 보니 시험 볼 준비가 다 됐군' 하고 생각을 전환하면 도움이 된다.

★ 주변에 휘둘리지 않고 나의 속도에 맞춰 공부하기

세윤이가 선생님이나 엄마에게 공부와 관련해서 가장 많이 듣는 말은 "너 너무 느리다"였다. 세윤이도 본인이 느린 스타일이고 뭔가를 읽을 때도 집중해서 약간 느리게 읽는 편이라고 자평했다. 이런 세윤이를 노규식 원장은 '차근차근 해야 하는 사람'이라고 진단했다. 1단원을 끝내면 그다음에 2단원, 3단원을 차례차례 해나가야 마음이 놓이는 스타일이라는 것이다. 그런데 옆에서 자꾸 빨리 하라고 재촉하면 일단 1단원부터 3단원까지 빨리 진도를 나가긴 하지만, 다 이해한 건지 찜찜해서 마음이 불편하고 집중이 잘 안 되는 상황이 벌어지고 만다. 그래서 다시 1단원으로 돌아가서 들여다보게 되는 것이다.

앞으로 공부 속도를 높일 필요가 있긴 하겠지만, 일단 지금은 본인의 특성에 맞춰 공부하는 것이 더 좋다. 세윤이는 이해하는 속도가 조금 느리기는 하지만 이해력 자체가 떨어지지는 않기 때문에 우선은 자신의 속도에 맞춰 공부하면서 자신감을 쌓는 게 급선무다. 그렇게 하다 보면 어느 순간 자연스럽게 속도도 빨라질 것이다.

✏️ 엄마를 위한 솔루션 칭찬으로 얼어붙은 뇌를 깨뜨려라

세윤이의 자신감이 이토록 떨어지고 뇌가 얼어붙은 이유는 무엇일까? 가장 큰 이유는 사생활까지 반납하고 자신의 공부를 도와주는 엄마를 실망시키고 싶지 않다는 마음이다. 그 압박감이 시험 불안으로까지 이어진 것이다. 시험을 망쳤다고 해서 엄마가 호되게 야단을 치거나 화를 낸 것도 아니었다. 엄마는 세윤이에게 늘 결과보다 노력이 중요하다는 말을 해왔다. 하지만 아이는 엄마 얼굴에 스치는 실망의 빛을 놓치지 않았다. 그러다 보니 시험 때마다 잘 봐야겠다는 생각이 강박처럼 세윤이를 옭아맸다.

★ 칭찬하고 격려하고 시험 성적에 무관심해지기

세윤이의 뇌를 녹이기 위한 첫 번째 솔루션은 성적에 대한 부담감을 줄여주는 것이다. 엄마가 은연중에라도 "이번 시험 잘 봤으면 좋겠다", "성적이 안 나와서 큰일이다"라는 식의 말을 해서는 안 된다. 세윤이의 성향을 고려하면 엄마의 이런 사소한 말 한마디도 세윤이에게는 천둥이 치는 것처럼 느껴질 수 있다. '시험 점수가 몇 점이 나와도, 아예 못 풀어도 상관없어', '이 시간 동안만 열심히 노력하면 돼'라고 생각할 수 있어야 하는데 지금은 엄마나 세윤이나 결과에 너무 많은 영향을 받고 있는 것이 문제다.

"일단 세윤이가 노력하는 것에 대해 칭찬해주시고 다가오는 기말고사 점수에 무관심해지는 것, 그것이 첫걸음입니다."

★ 아이와의 친밀도 높이기

두 번째 솔루션은 모녀간 친밀도를 높이는 것이다. 엄마가 세윤이의 공부에 관여하기 시작하면서 세윤이와 엄마는 모녀관계이자 사제지간이 돼버렸다. 그러다 보니 둘의 대화 역시 공부에 대한 이야기로 채워졌다. 이런 애매한 관계를 청산하고 다시 모녀관계로 되돌아가려면 엄마의 노력이 필요하다. 적극적으로 세윤이의 취미에 관심을 갖고 이를 공유함으로써 친밀도를 서서히 높여가야 한다.

학원이나 과외에 의존하지 않고 엄마가 직접 가르치면 아이의 장단점을 잘 파악하고 있기 때문에 알맞은 속도로 가르치는 최고의 코치가 될 수 있다는 장점이 있다. 하지만 부모, 자식이라는 관계의 특성상 아이를 가르치는 동안 참을성이 떨어지게 되고 마음이 조급해지기도 한다. 이런 식이라면 학습적으로는 얻는 게 있을지 몰라도 장기적으로는 잃는 게 더 많아진다. 그렇기에 노규식 원장은 학부모가 아이를 직접 가르치는 것은 별로 권하지 않는다.

노규식 원장과의 면담 이후 세윤이 엄마의 변화

1. 세윤이가 스스로 공부할 수 있도록 엄마는 세윤이의 공부에서 손을 떼기로 결심했다.
2. 그동안 세윤이네는 식사를 하면서 '학습, 정치, 사회' 분야에 관한 대화를 나눴는데, 상담 이후에는 세윤이의 취미나 관심사로 대화의 소재를 바꿨다.
3. 세윤이가 좋아하는 일본 애니메이션을 함께 보며 공감대를 형성해나가기 시작했다.
4. 세윤이가 느리더라도 인내심을 갖고 기다려주기로 했다.

🖊 코드 솔루션 구체적인 양과 질로 공부 리듬을 잡아라

어릴 때부터 쭉 엄친아 소리를 들었지만 공부법이라는 벽에 가로막혀 무너졌던 앤디, 반면 공부법은 나무랄 데 없이 훌륭했지만 자신을 통제하는 능력이 부족해서 공부와 멀어지고 있던 정민이. 그런데 세윤이는 앞선 두 아이와 결이 많이 달랐다. 하루 종일 책상 앞에 앉아 공부하는데도 성적은 뒷걸음질. 세윤이의 문제점은 과연 무엇일까?

세윤이의 방에 들어서자마자 조남호 코치의 시선을 사로잡은 것은 다름 아닌 두 개의 책상과 의자였다. 벽 쪽 책상은 혼자 인강을 들을 때 사용하고, 방 한가운데 놓인 책상은 엄마와 함께 공부할 때 사용한다고 했다. 학원 대신 엄마 공부를 선택한 데는 이유가 있다고 세윤이 엄마는 설명했다. 세윤이의 성향상 학원의 빠른 진도를 따라가기 힘들 것 같다고 판단했다는 것이다. 그래서 엄마는 세윤이의 속도에 맞춰 조금은 느리고 꼼꼼하게 설명을 해주면서 공부를 해왔다. 조남호 코치 역시 엄마의 이런 선택이 틀리지 않았다고 말했다. 속도 면에서 조금 느리더라도 자기 페이스로 실력을 탄탄하게 쌓아가는 것이 더 중요하다는 것이다.

"저는 학생들에게 중상하위권이라는 표현을 절대 쓰지 않습니다. 잘못된 표현이니까요. 지금 느린 애가 있고 중간 애가 있고 빠른 애가 있을 뿐입니다. 부모 입장에서 아이가 빠르면 당장은 좋을 수 있죠. 어릴 때부터 공부를 잘할 수 있으니까요. 그렇지만 대한민국 입시란 결국 마지막에 달리는 겁니다. 아이가 초등학교, 중학교 때 어떻게 살아왔든 어떤 성적을 받았든 고등학교에 가서 공부 잘하면 돼요. 초등학교 중학교 성적 다 묻히고 그냥 수능 성적만 남는 거죠. 느린 아이도 중간 아이도 자기의 페이스로 서서히 실력을 쌓아서 수능 보기 직전까지 센 아이가 되면 결국 이길 수 있습니다. 자기 속도에 맞춰 꾸준히 달리는 게 중요하지, 지금 당장 빠르고 느린 건 중요하지 않아요. 느리다고 해서 빠른 애들을 부러워하고 그 아이들의 스텝을 따라가려고 하면 결국 지쳐서 도태되고 맙니다."

대부분의 학원은 학교 수업보다 앞서서 진도를 뺀다. 빠른 아이들에게 속도를 맞춘다는 뜻이다. 그렇게 기준을 세워놓고 못 따라오면 그만이라고 생각하는 것이 학원이 시스템이다. 그러다 보니 느린 아이는 학원 수업을 제대로 따라가지 못해서 구멍이 나기 일쑤고, 기껏 학원에 가서 얻는 것은 주눅뿐이다.

세윤이 엄마는 학원에서 아이들을 가르친 경험이 있기에, 선행이 곧 아이의 실력이 되지는 않는다는 사실을 잘 알고 있었고 그래서 세윤이의 속도에 맞춰 천천히 가르치는 길을 택했다. 여기까지는 엄마의 선택이 옳았다. 하지만 전 과목을 일일이 다 가르치다 보니 언제부턴가 엄마에 대한 세윤이의 의존도가 높아졌고, 더 나아가 엄마를 실망시키지 않아야 한다는 부담감까지 안게 됐다.

이젠 세윤이가 혼자 공부할 수 있도록 엄마가 자리를 비켜줘야 할 때가 온 것이다. 그렇지만 옆에서 조목조목 알려주고 짚어줘도 시험만 보면 반타작인데 과연 이런 세윤이가 혼공을 해낼 수 있을지 걱정하는 마음도 이해는 갔다. 이러한 고민에 조남호 코치는 "중학교 3학년 남은 시험은 생각하지 말라"는 과감한 솔루션을 내렸다. 당장의 시험, 당장의 내신에는 너무 신경을 쓰지 말라는 것이다. 세윤이의 목표는 고등학교에 입학했을 때 지금처럼 흔들리고 불안해하지 않는 강한 아이가 되는 것으로 설정해야 한다고 했다. 그래야 고등학교 3년 동안 꿋꿋하게 공부해서 좋은 성과를 낼 수 있다는 것이다.

조남호 코치는 세윤이가 고등학교에 올라가기 전에 장착해야 할 가장 중요한 무기로 '집중력'과 '성취감'을 꼽았다. 중학교 3학년인 세윤이가 하루 열 시간씩 책상 앞에 앉아 있는 습관 자체는 대단히 훌륭하지만, 양보다는 질을 따져야 한다. 열 시간을 앉아 있다고 해서 그 시간 내내 집중하는 것은 아니다. 물에 물 탄 듯 술에 술 탄 듯 앉아 있기만 하면 오히려 공부에 대한 흥미만 떨어진다. 게다가 남들보다 많은 시간을 공부에 투자하고도 성적이 오르지 않다 보니 공부에 대한 성취감도 생길 리 없다. 그렇다면 집중력과 성취감이라는 두 마리 토끼를 어떻게 잡을 수 있을까?

★ 적은 분량이라도 구체적인 공부 목표 설정하기

조남호 코치는 '다큐멘터리에서 버섯 찾기'라는 비유를 통해 집중력 키우는 방법을 설명했다. "제가 세윤이에게 〈한국의 버섯〉이라는 두 시간짜리 다큐를 보라고 하면서 '열심히 봐. 나중에 검사할 거야' 하고 나갔다고 해봅시다. 성실한 세윤이는 열심히 다큐를 보겠죠. 하지만 기억에 남는 게 별로 없을 거예요. 왜냐하면 관심도 없는데 막연하게 그냥 열심히 보라고만 했으니까요. 이것이 바로 지금까지 세윤이가 공부해온 방식입니다. 세윤이에게 이렇게 주문해야 합니다. '세윤아, 이 다큐멘터리를 보다 보면 지리산에서 나는 버섯이 하나 나올 거야. 한국에만 있는 거래. 그 버섯의 껍질이 무슨 색깔인지 그것만 알아내. 그럼 하루 종일 놀게 해줄게.' 그러면 세윤이는 목이 빠지게 지리산 버섯이 나오길 기다릴 겁니다. 졸다가도 '지리산'이라는 단어가 튀어나오면 눈이 번쩍 떠지겠죠. 그동안 세윤이가 열 시간씩 책상 앞에 앉아 멍하니 있었던 이유는 구체적인 미션이 없었기 때문입니다."

세윤이의 집중력을 높이려면 적은 분량이더라도 구체적으로 공부 목표를 설정해야 한다. 매일 구체적인 미션 몇 가지를 정해놓고 그 목표를 날카롭게 찌르기 위해 달려 나가는 연습부터 시작해야 한다. 물론 그 연습은 세윤이가 혼자 감당해야 할 몫이다. 세윤이는 느린 편이기 때문에 자신의 속도를 고려해서 공부량을 정하는 것이 제일 중요하다. 너무 많은 양을 소화하려고 한다거나 너무 빨리 뛰려고 하면 넘어지게 된다. 그래서 조남호 코치는 일단 수학, 영어 위주로 계획을 짜되 분량은 최소화하는 게 좋다고 조언했다. 고등학교에 입학하기 직전까지, 총 8개월 동안 중학교 3학년 수학을 끝낸다고 생각하고 분량을 정해보는 식이다. 수학 개념서를 기준으로 하면 하루 두세 페이지 정도의 분량밖에 되지 않는다. 영어도 마찬가지다. 본인이 할 수 있는 최소한의 분량으로 부담 없이 시작하는 것이 중요하다. 시작은 최소한의 분량으로 하되 실력이 쌓여 속도가 빨라지면 그때 다시 양을 조절해도 늦지 않다.

⭐ 확실한 개념 이해를 목표로 두기

세윤이에게는 지금 선행이 아니라 현행을 깊이 이해하는 과정이 필요하다. 하나를 공부하더라도 그 개념과 원리를 완벽하게 이해하는 것을 목표로 둬야 한다. 조남호 코치는 무엇을 어떻게 이해할지를 설명하며 세윤이에게 이렇게 말했다.

"자, 개념서를 보면 엄청나게 복잡한 설명이 많이 나와 있어. 대부분의 아이들이 이걸 다 외우는데, 세윤이는 그럴 필요 없어. 오늘부터 수학에서 세윤이가 찾아야 하는 건 자, 여기 제곱근이라고 되어 있지? 학자들은 제곱근을 도대체 왜 만들었을까? 어디에 가져다 쓰라고 만든 걸까? 다음 장을 보자. 무리수는 왜 만든 걸까? 어떤 때 가져다 쓰라고 만든 것일까? 이걸 이해하는 게 오늘부터 세윤이가 목표로 해야 할 수학 공부의 질이야."

모든 수학 원리와 공식은 분명 어딘가에 가져다 쓰기 위해 만든 것이기에 그것을 만든 목적을 이해하면 곧 개념이 이해된다. 그리고 개념을 완벽하게 이해하면 어떤 유형의 문제가 나오든 적재적소에 공식을 가져다 쓸 수 있다. 개념을 이해한다는 것은 기초공사와 같다. 기초공사가 부실하면 선행으로 진도를 아무리 빨리 빼도 언젠가는 무너질 수밖에 없다. 반면 기초공사를 탄탄히 해두면, 굳이 선행을 하지 않아도 고등 수학을 어렵지 않게 따라갈 수 있다. 개념을 이해하기 위해서는 교과서와 개념서를 반복해서 읽는 것부터 시작하고, 그래도 이해가 되지 않으면 인강을 찾아서 들어보고 어느 정도 머릿속에 개념이 잡힌 것 같다면 문제를 풀어보고 제대로 이해했는지 확인해봐야 한다.

⭐ 엄마로부터 독립하기

조남호 코치는 일단 세윤이의 방에 놓여 있는 엄마의 의자부터 없애야 한다고 말했다. 엄마가 가르쳐주는 대로 따라가는 공부습관을 버리고 스스로 생각하는 힘을 키워야 한다는 것이다. 엄마의 역할에 대해서도 확실히 선을 그었다. 세윤이가 혼자 고민해서 답을 찾도록 내버려두고 세윤이가 답을 찾은 후에 그 답이 맞는지 틀리는지 확인해주는 정도로 엄마의 역할을 제한하라고 주문했다.

세윤이처럼 공부에 대한 자신감이 떨어져 있는 아이에게는 공부를 통해 성취감을 느끼게 해주는 것이 가장 중요하다. 처음부터 너무 많은 양을 계획하면 그 목표를 채우지 못해서 결국 포기하게 될 수도 있다. 이런 아이들에게는 공부의 양보다는 질이 중요하고, 적더라도 목표로 한 분량을 완벽히 끝내야 성취감을 얻을 수 있다. 그리고 그 성취감은 공부에 더 집중할 수 있게 해주는 에너지가 된다.

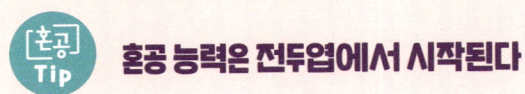 혼공 능력은 전두엽에서 시작된다

제작진에게 혼공이 안 된다며 도움을 요청해온 세 아이는 모두 자기주도학습 관리 능력 검사 결과, 학습에 필요한 능력이 부족했다. 비단 세 아이뿐이랴. 그동안 수많은 아이들을 검사하고 상담해온 노규식 박사는 그들이 특별한 케이스는 아니라고 했다. 대한민국 아이들 대부분이 외국 아이들에 비해 자기주도학습 능력이 현저히 떨어진다. 세계적인 교육 수준을 가진 우리나라 아이들이 왜 자기주도학습 능력에서만큼은 뒤떨어지는 것일까? 바로 자기주도학습에 필요한 능력을 연마할 기회를 갖지 못했기 때문이다.

혼공을 할 수 있나 없나를 결정짓는 다섯 가지 능력, 즉 자발성, 시간관리 능력, 계획관리 능력, 충동조절 능력과 감정조절 능력은 모두 전두엽의 실행 기능의 일부다. 그렇다면 전두엽이란 무엇일까? 오감을 통해 얻은 모든 정보는 일단 뇌로 모이는데, 뇌에 들어온 수많은 정보를 분류하고 분석하고 재배치하는 역할을 하는 곳이 바로 전두엽이다. 다양한 정보를 토대로 목표를 세우고, 어떤 일을 해야 하는지 결정하고 전략을 세우고 실행에 옮기는 일, 동기를 부여하고 감정을 통제하고 조절하는 일 모두가 전두엽에서 이뤄진다. 전두엽이 발달한 아이일수록 자기주도학습 능력이 좋을 가능성이 크다. 그렇다면 전두엽의 발달 정도는 태어날 때부터 정해져 있는 것일까? 물론 그렇지 않다.

인간의 뇌는 140억 개의 뇌세포로 이뤄져 있다. 하지만 갓 태어난 아이의 뇌는 세포와 세포가 거의 연결되지 않은 미완성 상태다. 세포와 세포를 연결하는 것이 바로 경험이다. 경험으로 세포와 세포 간의 신경망이 완성되는 셈이다. 새로운 경험이 쌓일 때마다 우리 뇌의 신경회로가 새롭게 연결되고, 같은 경험이 반복될수록 그 신경회로가 더 튼튼해진다. 전두엽도 마찬가지다. 전두엽은 만 4세부터 본격적으로 발달하기 시작해 만 8세까지 폭발적으로 발달하고, 그 이후에도 속도는 좀 느려지지만 성인이 될 때까지 꾸준히 발달한다. 결국 이 시기에 어떤 경험을 했느냐, 어떤 습관을 쌓았느냐가 전두엽의 발달에 영향을 미치는 것이다.

노규식 원장은 대한민국 아이들은 전두엽의 실행기능을 발달시킬 기회를 어려서부터 박탈당했기 때문에 자기주도학습 능력이 떨어진다고 진단했다. 보고 듣는 주입식 교육에 익숙한 아이들은 혼자서 공부와 씨름하는 법을 모른다. 그러나 여전히 희망은 있다. 전두엽은 성인이 될 때까지 계속해서 발달하기 때문에 이제라도 스스로 계획을 세우고 실행해나가는 연습을 한다면 전두엽 기능은 얼마든지 개선될 수 있고 혼공도 재미있게 해나갈 수 있다.

혼공 능력의 싹을 틔우는 엄마의 양육태도

혼자 공부하는 법을 모르겠다며 〈혼공시대〉의 문을 두드린 앤디에게는 세 살 어린 동생이 있다. 한배에서 태어났지만 앤디와는 하나부터 열까지 달랐다는 크리스. 엄마가 일러주는 대로 열심히 따라오는 모범생 앤디와는 달리 크리스는 엄마의 뜻대로 되지 않았다. 형이 걸어온 길을 그대로 따라가면 편할 텐데 학원을 보내놔도 다니기 싫다며 금세 그만두고, 그러다 보니 성적도 들쑥날쑥했다. 그래서 엄마는 크리스에 대한 기대를 접었다고 한다. 그런데 초등학교 고학년에 올라가면서 혼자 힘으로 반장이 되어 오는가 하면, 학원을 다니지도 않았는데 국어며 영어, 수학까지 제법 좋은 성적을 받았다. 크리스가 진가를 보이기 시작한 건 코로나19 사태가 터지면서부터다. 엄마가 간섭하지 않아도 열심히 온라인 수업을 듣고 숙제를 제출하고 제 할 일을 꼬박꼬박 해나가는 모습이 앤디와 사뭇 달랐다. 그제서야 엄마는 깨달았다. "앤디가 온실의 화초였다면 크리스는 잡초였거든요. 엄마 손을 완전히 벗어나서 혼자서 자란 잡초요. 그런데 코로나가 시작되면서 내가 앤디를 잘못 키웠다는 사실을 깨달았어요. 제가 너무 많이 개입한거죠." 하나부터 열까지 아이를 철저히 관리해주며 스스로를 완벽한 엄마라고 여겼는데, 오히려 그것이 아이에게는 독이 됐다는 사실을 이제야 깨달은 것이다.

노규식 원장은 헬리콥터맘이나 타이거맘은 당장 눈앞의 결과를 보여줄 수는 있지만 아이의 공부습관을 키워줄 수는 없기에 명백한 한계와 약점을 가지고 있다며, 혼공 능력의 기초를 다지려면 무엇보다 부모의 양육태도가 중요하다고 조언한다. 그렇다면 혼공 능력의 기초를 다지기 위한 바람직한 양육태도는 무엇일까?

1
**아이에게 스스로
선택할 수 있는
기회를 줘라**

자아가 생기기 시작할 무렵부터 아이는 자신이 무엇을 원하는지를 표출하고 이를 관철하려 한다. 어떤 장난감을 가지고 놀지 무슨 옷을 입을지 일상생활에서 일어나는 모든 일이 아이에게는 곧 선택의 순간이다. 하지만 때때로 엄마들은 아이의 선택을 무시하고 자기 생각을 강요한다. 예를 들어보자. 장난감을 살 때도 아이는 그저 자신이 좋아하는 것을 선택할 뿐이지만, 엄마는 이왕이면 교육적인 효과를 생각한다. 아이가 옷을 고를 때도 마찬가지. 이왕이면 더 이쁘고 깨끗한 옷으로 입히기 위해 아이의 선택을 무시하기도 한다. 학습을 시작하면서부터는 개입이 더 많아진다. 학습지나 학원을 정할 때도 아이의 의견은 무시되기 일쑤다. 엄마는 자신이 아이보다 정보와 지식이 많으니 아이보다 현명한 선택을 하리라고 믿는다. 틀린 말은 아니다. 하지만 그 과정에서 아이는 선택권을 잃어버리고 자율성을 박탈당하며, 이는 곧 자기주도성을 잃어버리는 결과를 초래한다. 아이의 선택이 아무리 미숙해 보이더라도 참고 기다려줄 필요가 있다. 아이는 시행착오를 통해 성장하기 때문이다. 그래야 비로소 자기주도적인 아이로 성장할 수 있고, 훗날 혼자 공부할 수 있는 능력을 갖출 수 있다.

2
**아이를 지지하고
수용해줘라**

명문대에 합격한 아이 중 부모와의 관계가 나쁜 아이는 별로 없다. 아이가 공부를 잘해서 부모와 갈등을 빚을 일이 없는 게 아니라 역으로 부모와 관계가 좋은 아이일수록 공부를 잘할 확률이 높다고 전문가들은 말한다. 모든 아이에게는 부모에게 인정받고 싶다는 욕구가 있다. 그렇기에 부모와의 관계가 돈독한 아이들이 학습동기 또한 높다. 〈혼공시대〉에서 만났던 명문대 학생들 역시 이 말에 전적으로 동의했다. 서울대에 재학 중인 김나영 학생 역시 엄마의 믿음이 공부의 원동력이 됐다고 말하며 자신의 일화를 소개했다. 중학교 1학년 무렵 담임선생님이 나영이 엄마에게 "나영이, 이대로 두면 안 됩니다. 지금 이러고 있을 성적이 아닙니다"라고 말하자 나영이 엄마는 "우리 나영이는 잘할 겁니다. 저는 나영이를 믿습니다"라는 말로 대응했다고 한다. 나영 학생은 그런 엄마의 흔들리지 않는 믿음에 부응하기 위해서라도 더 열심히 노력해야겠다고 마음먹었다고 한다.

아이는 부모의 믿음을 먹고 자란다는 말이 있다. 부모와 좋은 관계를 형성한 아이는 자아존중감이 높다. 자존감이 높은 아이는 지금 당장은 성적이 안 나와도 스스로 공부를 해야겠다고 결심하면 뛰어난 성과를 낼 수 있다. 아이에 대한 부모의 믿음과 지지가 있어야 아이의 혼공 능력도 커진다.

3
일관성 있는 태도로 아이를 대해라

부모도 사람이다 보니 감정기복이 있을 수밖에 없다. 그래서 때로 자기 감정에 따라 아이를 즉각적으로 대하기도 한다. 하루 종일 게임을 하고 있는 아이에게 어떤 날은 한없이 너그럽다가도 어떤 날은 불같이 화를 내는 식이다. 물론 부모도 화를 낼 수 있고 격한 감정에 휩싸일 수 있다. 하지만 아이 앞에서는 최대한 자제하려고 노력하고 일관성 있는 태도를 보여야 한다. 왜냐하면 부모의 일관성 없는 태도가 아이를 헷갈리게 하고 또 불안하게 하기 때문이다. 뿐만 아니라 자신의 감정을 조절하지 못하는 부모를 보고 자란 아이는 감정조절 능력이 떨어진다. 공부에 있어 정서적 안정은 무엇보다 중요하며, 자기주도학습에 있어서 필수적인 능력 중 하나가 감정조절 능력이다. 만일 내 아이가 스스로 공부할 수 있는 아이로 자라길 바란다면 아이 앞에서만큼은 자신의 감정을 조절하려는 노력이 필요하다.

4
어려서부터 시간을 관리하는 연습을 시켜라

자기주도학습 능력의 핵심 요소 중 하나가 시간관리 능력이다. 시간관리 능력이 뛰어난 아이는 자기관리에도 능하다. 그렇기 때문에 어려서부터 시간을 관리하는 연습을 시켜야 한다. 시간관리 능력은 어느 날 갑자기 벼락치기로 키울 수 없다.

그렇다면, 시간을 관리하는 연습은 언제부터 시작하는 게 좋을까? 전문가들은 초등학교 때부터 시간을 관리하는 습관을 가르쳐야 한다고 말한다. 초등학교에 입학하면 일단 아이에게 매일매일 "오늘은 무엇을 해야 하니?"라고 묻고 오늘 해야 할 일을 아이가 스스로 생각하게 하는 연습을 시켜야 한다는 것이다. 해야 할 일을 스스로 인식하는 과정에서 먼저 할 일과 나중에 할 일, 하고 싶지만 지금은 할 수 없는 일과 하기 싫어도 해야만 하는 일을 구분하게 된다. 만일 직장에 다니는 엄마라면 그때그때 집으로 전화해 아이의 스케줄을 관리하기보다는 매일 아침 해야 할 일을 아이 스스로 메모하게 하고, 집에 돌아와 오늘 한 일을 함께 점검하는 방식을 통해 아이의 습관을 잡아줘야 한다. 어릴 때부터 이런 연습이 쌓여야 시간과 자신을 관리할 수 있는 아이로 성장할 수 있다.

아이의 행동을 지지해줌으로써 자존감을 키워주고, 무엇을 해야 하는지 스스로 결정할 수 있도록 아이에게 결정권을 주고, 자신의 감정을 잘 다스리면서 시간관리를 할 수 있도록 돕는다면 자기주도학습 능력의 80% 정도는 갖춰졌다고 보면 된다. 가장 이상적인 모습은 초등학교 저학년 때까지는 엄마의 도움을 받아도 고학년이 되면 혼자 공부하는 연습을 시작하고, 중학생이 될 무렵에는 혼공을 할 수 있는 능력을 갖추는 것이다. 왜냐하면 초등학교 때까지는 담임선생님이 모든 과목을 가르치며 옆에서 지켜보고 도와주지만, 중학교 때부터는 교과 선생님이 생기고 과목별로 수행과제가 달라지기 때문이다. 하지만 현실적으로 봤을 때 혼공 능력을 갖추고 중학교에 입학하는 아이는 거의 없다. 그렇다고 해서 늦은 것일까? 결코 그렇지 않다. 아직 늦지 않았다. 최소한 고등학교에 입학하기 전까지 혼공 능력을 갖춘다면 고등학교에 올라가서는 '혼공 능력'이라는 축지법으로 훌륭한 결과를 낼 수 있다.

Q 저는 꿈이 없어요. 목표가 없어서 공부가 안 되는 것 같아요.

A 목표가 없으니 '내가 왜 이런 공부를 해야 하지?' 하는 생각이 든다고 이야기하는 학생이 많다. '가고 싶은 대학도 없고 원하는 분야도 없다'면서 본질적인 의문을 던지는 것이다. 목표가 없으니 동기부여가 안 된다는 이야기인데, 그렇다면 꿈에 대한 정의부터 다시 내려보자.

꿈이란 무엇일까? 대부분이 꿈이란 미래의 어떤 모습, 미래에 도달해야 하는 목표 지점이라고들 생각한다. 하지만 꿈이란 미래의 어떠한 목표가 아니라 내가 가장 충만함과 전율을 느끼는 행복감 그 자체에 가깝다. 말초적인 행복이 아니라 중추쾌감이 곧 꿈이다. 굳이 시간의 개념으로 말하자면 미래의 어느 시점에 느끼는 감정보다는 '지금 이 순간'의 감정이 꿈에 가깝다.

왜 모든 사람이 꿈을 가지라고 하고, 꿈이 중요하다고 말하는 것일까? 행복해지기 위해서다. 그런데 꿈을 미래의 어떤 목표에 두면 모순이 발생한다. 꿈에 이르기까지의 과정이 계속 불행하다면? 미래의 어느 하루만 즐겁고 그전까지는 계속해서 불행하다면? 뿐만 아니라 목표를 이룬 다음에 허무해진다면? 오직, 지금, 현재 시점의 나를 가장 충만하게 만들고 가장 깊은 곳에서부터 전율하게 만드는 행복감이 무엇인지 정의해보라. 그리고 그 감정과 공부를 연결해보라. 그러면 매일매일을 버텨낼 힘이 생긴다. '나에게 한계는 없다', '나도 할 수 있다'는 것을 증명해 보이고 싶은 마음이 중추쾌감인 사람도 있을 것이다. 이 마음을 공부와 연결하면 성취를 거둘 수 있다.

'무엇이 나를 가장 행복하게 하는가?'를 생각해라. 그리고 그 감정을 공부와 연결해보라. 그것이 근원적인 동기부여다. 그런데 정말이지 무엇이 자신을 행복하게 하는지 지금 모르겠다면, 자존감과 공부를 연결해보라고 말해주고 싶다. 자존감은 모든 사람에게 있어서 중추쾌감의 중요한 한 조각이기 때문이다. 꿈은 미래가 아니라 현재라는 것을 잊지 말기 바란다.

Q 게임, 유튜브, 핸드폰에 중독돼서 공부에 집중이 안 돼요. 어떻게 하면 거기서 벗어날 수 있을까요?

A 게임, 유튜브, 핸드폰에 빠져드는 것은 사실 진짜 중독이 아니라 '회피'일 가능성이 크다. 공부하기 싫고 스트레스를 받기 때문에 도망칠 곳을 찾아서 거기에 빠져드는 것일 뿐이다. 만약 정말로 핸드폰에 중독됐다면 핸드폰을 없애면 그만이다. 그렇다고 해서 그 증상

이 사라질까? 그렇지 않다. 핸드폰이 아닌 다른 도피처를 찾아 거기 다시 빠져든다. 우울하고 하기 싫어서 다른 것을 보면서 해야 할 것을 잊고 미루는 것이다. 그렇기 때문에 본질적인 문제를 해결해야만 한다.

학생이라면, 공부 말고 다른 것은 다 재미있다. 고등학교를 졸업하면 70%는 중독이 다 없어진다. 연예인에 아무리 빠져 있어도 게임에 정신이 팔려 아무것도 못 해도 그건 중독이 아니다. 문제를 해결하고 싶다면 이런 현실을 직면해야 한다. 어떻게 해결할 수 있을까를 고민해야 한다.

학생들이 회피에 빠져드는 이유는 막막하고 막연하기 때문이다. 여전히 공부는 재미없겠지만 애매함과 막연함이 사라지면 공부에 집중할 수 있다. 공부가 재미없다고 해서 자책할 필요 없다. 서울대학교 합격생도 다 재미없으면서 참으며 공부한 것이다. 정말 나는 공부와 맞지 않고, 나는 절대 공부를 잘할 수 없다는 확신이 들기 전까지는 끊임없이 자신의 방법에 의문을 갖고 제대로 공부할 수 있는 방법을 찾아야 한다. 회피하는 곳에 낙원은 없다. 자꾸만 도망치는 원인을 밝힌다면 바로 지금 이 자리가 낙원이 될 수 있다.

Q 학원이나 인강 없이는 불안해서 혼자 공부하기 힘든데 어떻게 해야 하죠?

A 많은 학생이 자각조차 못 하고 있는 중독이 바로 학원이나 인강 중독이다. 학원만 다니면, 인강만 들으면 그걸로 공부는 다한 것으로 생각하면서 혼공은 할 생각도 하지 않는다. 학원을 다녀도 되고,

인강을 들어도 되지만 혼자서 복습하며 이해하고 소화하는 공부는 반드시 필요하다. 학원이나 인강에만 의존하면 절대로 좋은 성적을 거둘 수 없다. 학원을 다니느라 도저히 혼공을 할 시간이 없다면, 사교육 디톡스를 해보기를 권한다. 2~3주 동안 모든 학원을 다 끊어 보는 것이다. 그리고 시간이 지나면 가장 절실한 과목 한 개, 두 개부터 다시 시작해보기 바란다. 혼자 공부해서 내 것으로 만들지 않으면 학원은 오히려 독이 될 수 있다.

Q 자꾸 긴장해서 실수하는데, 실수를 줄이는 방법이 있을까요?

A 냉정하게 들릴지 모르지만 사실 실수도 실력이다. 실력이 꽉 채워지지 않은 상태라면 어떤 방법을 써도 다 무의미하다. 실력이 부족하기 때문에 자신감이 떨어지고 긴장되는 것이고, 그러면 문제를 틀리기 마련이다. 실수하고 긴장하는 이유는 눈앞에 있는 문제를 잘 모르기 때문이다. '틀리면 어떻게 하지?' 하는 불안감이 작동해서 긴장하고, 긴장해서 실수하는 것이다. 실전연습을 한다고 스톱워치를 켜놓고 문제를 풀어보는 식은 부수적인 방법일 뿐 진정한 해결책이 돼주지 않는다.

실력이 있는데 실수를 하는 것 같은가? 그렇다면 두루뭉술하게 '실수'라고 명명하지 말아야 한다. 어떤 부분에서 틀렸는지, 무엇을 잘못했는지 그 오류를 의식화할 수 있어야 한다. 나를 제3자로 바라보고 실수했을 당시를 객관적으로 바라볼 수 있어야 반복되는 실수를 고쳐나갈 수 있다. '나는 가끔 더하기를 구구단으로 잘못 보고 속으로 발음까지 하다가 겉넘어서 틀릴 때가 있다'라는 식으로 실수를 구체적으로 분석해보는 것이다. 그 순간을 인지하면 실수는 자연스레 개선된다. 그런 경지가 되면 마음이 가라앉고 차분해진다. 실수의 80%는 실력을 키우면 사라진다. 나머지 진짜 실수 20%는 실제 시험과 비슷하게 시뮬레이션을 해보는 등의 연습을 통해 개선할 수 있다.

Q 시험 때 시간이 모자라요. 어떻게 해야 빨리 풀 수 있죠?

A 이 역시 실력의 문제다. 실력을 채우면 속도는 자연스레 따라온다. 그렇다면 실력을 다 채웠는지 어떻게 판단할 수 있을까? 바로 시간이 무제한으로 주어졌다고 생각하고 풀어서 나오는 점수를 살펴보면 된다. 그 점수가 곧 실력이다. 시간을 무한정 주면 누가 못 푸냐고 반문할 수 있겠지만, 대부분은 시간 제한을 두지 않아도 두 시간이 지나면 펜을 놓는다. 못 푼 문제가 있어도 마찬가지다. 평생이 주어져도 못 푸는 문제는 어차피 못 푼다. 시간을 무제한으로 썼을 때 90점 이상이 안 나온다면 속도를 높이는 훈련은 무의미하다. 실력이냐, 속도냐의 이분법에 집착할 필요가 없다. 실력을 쌓으면 속도는 저절로 따라온다. 실력이 곧 속도다. 순수한 속도는 실력이 모두 채워졌을 때 아주 조금만 실전연습을 하면 된다. 스톱워치를 켜 놓고 문제 푸는 연습을 하는 식은 공부하고 있다고 스스로 합리화하는 것일 뿐 진짜 공부가 아니다. 실력을 쌓기는 어렵지만 스톱워치 공부법은 재미있으니까 진짜 문제를 회피하는 것일 뿐이다.

❓ 공부하려고 하는데 자꾸만 잠이 와요. 수면습관은 어떻게 잡아야 할까요?

🅐 일단은 최소 수면시간을 찾아야 한다. 한창 공부해야 하는 낮에 졸리다면 밤에 충분히 자야 한다. 자고 싶은 만큼 무작정 실컷 잘 수는 없겠지만 꼭 필요한 만큼은 자야 한다. 10대에는 보통 여섯 시간에서 여덟 시간이 적정한 수면시간이다. 하지만 사람마다 필요한 수면시간이 다르므로 여섯 시간을 자보고 다음 날 졸린지 집중이 잘 되는지 테스트해보면서 시간을 조절해나갈 필요가 있다. 밤에 공부한다고 잠을 부족하게 잤다가 다음 날 졸면 아무런 소용이 없고 오히려 마이너스다.

그리고 집중적으로 공부해야 하는 시험기간을 제외하고는 기상과 취침 시간을 일정하게 유지하는 것이 좋다. 늦게 자면 늦게 일어나고, 일찍 자면 일찍 일어나는 식으로 수면시간만 채우면 그만이라고 생각할 수도 있지만 그러면 컨디션이 무너지기 십상이다. 본디 신체의 원리가 그렇다. 몸은 11시에 맞춰서 그날의 에너지를 모두 소진했는데, 핸드폰 보고 게임을 하느라고 새벽 1시에 잔다면, 그리고 또 내일은 9시에 잔다면 몸은 '언제 잘지 모르니까 낮에 틈틈이 자서 에너지를 축적해야 해'라고 생각한다. 그러니 수업시간에 병든 닭이 돼버리고 마는 것이다. 10시에 그날의 계획이 모두 끝나서 쉬고 놀더라도 11시에 자기로 했으면 딱 한 시간만 보상해주고 11시에는 잠자리에 들어야 한다. 그래야 다음 날에도 좋은 컨디션으로 공부에 집중할 수 있다.

Q 공부 속도가 느려서 계획을 다 못 지키는데 어떻게 하죠?

A 계획을 다 못 지켰다고 해도 자야 하는 시간은 지켜줘야 한다. 다음 날의 집중력을 위해서다. 대신 계획을 세울 때 주말은 비워두고 주중에 다 못한 계획을 그날 채우면 된다. 주말에도 보충을 다 하지 못했다면? 월말 하루 이틀의 계획도 비워두고 그때 몰아서 부족한 부분을 채우거나 방학 때 하면 된다. 당장 이번 학기에 모든 계획을 따라잡지 못한다고 해도 장기적인 안목으로 다음 학기, 올해, 내년을 바라보며 공부를 해나가면 된다. 마지막 결승점은 수능이다.

**Q 하루에 몇 시간 공부해야 제대로 한 걸까요?
이상적인 공부시간은 몇 시간인가요?**

A '공부 계획을 세웠는데 학습시간이 너무 적은 것 같아요, 혹은 많은 것 같아요' 하는 이야기를 많이들 한다. 그렇지만 학습계획에 있어서 시간은 그리 중요하지 않다. 분량이 몸통이라면 시간은 꼬리다. 시험공부를 생각해보면 된다. 시험공부의 성패는 정해진 기간에 주어진 미션을 완수하느냐 마느냐로 판가름 난다. 정해진 기간이란 시험기간이고, 정해진 미션은 시험범위다. 시간은 따라오는 것이고, 중요한 것은 뭐니뭐니 해도 분량이다. '무엇을 얼마나 어떻게 할 것인가'가 중요하지 시간은 무의미하다.

그렇다면 적절한 분량은 어떻게 알 수 있을까? 아쉽게도 이에 대한 정답은 없다. 과거에 얼마나 공부했고 현재 어느 수준인가에 따라 달라지기 때문이다. 다른 과목과의 균형도 생각해야 한다. 분량에 대한 감각은 자신이 공부하면서 통달하는 수밖에 없다.

Q 문제집 한 권을 여러 번 푸는 것이 좋나요? 아니면 여러 권을 한 번 푸는 것이 좋나요?

A 여러 문제집을 한 번씩 푸는 것을 추천한다. 문제집은 '풀고 버린다'는 생각으로 활용하는 것이 좋다. 여러 번 풀기는 대단한 시간 낭비다. 한 번 풀어서 한꺼번에 다 얻어내야 한다.

수능 1등급과 내신 1등급은 '생전 처음 보는 문제 유형인데도 그 자리에서 풀 수 있나 없나'를 시험하는 문제로 판가름 난다. 시험범위 안에서도 엄청나게 유형을 바꿔서 출제한다. 문제의 30% 정도는 늘 이런 신유형이다. 그렇기 때문에 지금 보는 이 문제가 다시 나올 거라고 생각하고 유형을 암기하는 공부법은 수능에 맞지 않고, 좋은 내신 성적을 얻고자 할 때도 맞지 않다. 그렇다고 해서 '다시 풀기'가 아주 쓸모없냐 하면 그렇지는 않다. 내 약점이 보완됐는지를 확인하고자 할 때는 풀어야 한다. 다만, 암기해서 푸는 식이 되지 않도록 그 문제가 가물가물해질 때까지 기다렸다가 풀기를 권한다. 다시 말하지만 문제를 외우는 식이 돼서는 안 된다.

Q 다들 푸는 문제집을 풀면 성적도 남들과 비슷해지지 않을까요? 문제집은 어떻게 선택해야 하죠?

A 최상위권도 똑같은 문제집을 푼다. 문제집의 종류가 중요한 것이 아니라 문제집을 어떻게 볼 것인가가 중요하다. 최상위권은 같은 문제집을 풀어도 다른 것을 본다. 문제집 안에서 중요하게 보는 것이 다르다는 뜻이다. 문제집뿐만이 아니다. 인강도 마찬가지다. 서울에 있는 학생도, 제주도에 있는 학생도, 그 어디에 있든 모두가 일타

강사의 강의를 볼 수 있다. 하지만 같은 것을 봐도 성적은 죄다 다르다. 같은 문제집을 봐도, 같은 인강을 들어도 다른 부분을 보기 때문이다. '무엇을'보다 '어떻게'가 더 중요하다. 그렇기 때문에 문제집을 고르는 데 많은 시간을 투자하기보다는 차라리 그 시간에 공부법에 투자하는 것이 낫다. 완벽한 공부법을 알고 문제집을 보면 개떡같이 말해도 찰떡같이 알아들을 수 있다. 최상위권만 알고 있는 특별한 문제집 같은 건 없다. 그 문제집을 '다르게' 볼 뿐이다. 최상위권은 문제집이 별로여도 필요한 부분을 얻어낼 수 있다.

사실 문제집이나 인강은 얼마든지 본인이 선택할 수 있다. 하지만 내신의 결정적 요소인 학교 수업은 선택할 수 없고, 학교 수업이 별로 안 좋을 수도 있다. 최상위권은 그런 상황에서도 좋은 성적을 거둔다. 자신이 어떻게 공부해서 무엇을 얻어야 하는지를 명확하게 알고 있기 때문이다.

Q 집에서 공부하는데 도저히 집중이 안 돼요. 집에서 집중하는 방법을 알려주세요.

A 많은 학생이 독서실이나 다른 데서는 집중이 잘 되는데 집에서는 집중이 안 된다고들 이야기한다. 왜 그럴까? 집은 너무나 익숙하고 편안한 공간이기 때문이다. 그래서 집에서는 공부 모드로 변경하기 어렵고, 편안한 집에서 벗어나 생소한 곳에 가면 모드가 바뀌기 때문에 집중이 잘 되곤 한다. 이럴 때는 집의 특정 공간, 이를테면 거실 구석, 식탁 구석 등을 내가 공부할 수 있는 환경으로 바꿔보기를 권한다. 최대한 생경한 곳을 공부하는 장소로 바꾸는 것이다. 집

이 좁다면 책상의 방향이라도 바꿔서 익숙한 곳을 생소하게 만들어본다. 익숙한 곳에서는 익숙한 습관대로 행동하기 쉽기 때문에 환기를 시켜줄 필요가 있다. 때로는 집에서 편하게 입는 옷이 아니라 외출복만 입고 공부해도 모드의 변경을 경험할 수 있다.

Q 개념은 다 아는데, 문제를 틀리는 이유는 무엇일까요?

A 개념을 알아도 응용이 안 되는 경우다. 이럴 때는 '개념을 안다는 것'을 다시 정의해야 한다. 기본서나 교과서를 봤다고 해서 그걸로 개념을 다 알았다고 할 수 있을까? 아니, 그것은 20%일 뿐이다. 개념 활용까지 할 수 있어야 그제야 개념을 안다고 말할 수 있다. 기본서와 문제집을 왔다 갔다 하면서 개념을 익히고 활용할 줄 알아야 소화를 시켰다고 볼 수 있다. 개념을 써먹을 수 있도록 머릿속에 집어넣는 것이 중요하다.

Q 문제집을 풀었는데 오답이 너무 많아서 기분이 나빠요. 자존감이 떨어지는 것 같은데 어떻게 극복하죠?

A 오답을 대하는 바른 자세에 대해 이야기해보자. 문제집을 풀었는데 정답이 많다면 그 문제집은 가져다 버려야 한다. 다 아는 문제를 시간을 들여 풀었으니 시간 낭비나 마찬가지다. 문제를 틀렸다면 화를 낼 일이 아니라, 오히려 웃을 일이다. 약점과 대비해야 할 점을 미리 알아냈기 때문이다. 시험 때 틀릴 것을 미리 경험하고 대비할 수 있게 해줬기 때문이다. 자존감은 내가 이 문제를 왜 틀렸는지 알고, 방법에 대한 확신이 있을 때 높아진다. 중간 결과로는 자신감과

자존감을 논할 수 없다. 축구를 생각해보면 된다. 평가전에서 졌다면 우리 팀의 문제점을 발견하고 개선해서 본경기에서 좋은 성적을 낼 수 있는 기회를 얻었으니 고마워해야 한다. 2002년 월드컵 대표팀을 이끌었던 히딩크 감독은 평가전에서 하도 5:0으로 져서 '오대영'이라는 별명까지 얻었었다. 하지만 평가전에서 우리 팀의 약점을 파악하고 개선 방법을 찾아내 결국에는 4강 진출이라는 쾌거를 이뤄냈다. 문제집의 틀린 문제를 보고 좌절할 게 아니라 반가워하면서 그것을 어떻게 내 것으로 만들지를 고민해야 한다.

Q 열심히 공부한 것 같은데, 막상 성적이 나오면 배신당한 것 같은 기분이 들어서 공부하기가 싫어요. 어차피 공부해도 제자리인 것 같은데 왜 공부를 해야 할까요?

A 성적은 방법×노력이다. 만약 정말 성적에 배신당한 것 같다면 이 두 가지 관점에서 살펴봐야 한다. 첫 번째, 방법이 정말로 완벽했다고 생각하는가? 방법이 완벽했고, 그 방법대로 제대로 100% 공부했는데도 성적이 안 나왔다면 그때는 배신이라는 표현을 쓸 수 있다. 틀린 방법으로 공부해놓고 성적이 안 나왔다면 배신을 운운해서는 안 된다. 둘째, 노력을 진짜 치열하게 했는가? 뒤늦게 공부를 시작했다면 일찍부터 공부를 시작한 친구가 놀 때도 이를 악물고 노력해야 한다. 그 친구보다 매일 최소한 1.2배는 더 많이 누적해서 공부해야 1년, 2년, 3년 안에라도 그 친구를 따라잡을 수 있다. 기껏 단 한 번의 시험기간만 두고 '배신'이라고 판단할 수 없다는 말이다. 배신이란, 치열하게 모든 것을 쏟아부은 사람의 입에서만 나올 수 있

는 말이다. 정말 100% 애정을 쏟아도 사랑과 우정에는 배신당할 수 있다. 하지만 무생물인 공부는 올바른 방법으로 최선의 노력을 기울이면 절대 배신할 일이 없다.

Q 시험을 망친 것 같은데 멘털 회복이 안 돼요.

A 통제할 수 없는 것에 집착하지 말고 통제할 수 있는 것에 집중해라. 타임머신을 타고 시험 시간으로 돌아가지 않는 이상 이미 나온 결과는 바꿀 수 없다. 안 바뀌는 것을 붙들고 시간을 낭비할 이유가 어디 있을까? 바꿀 수 없다는 것을 인정하고 놓아줘야 한다. 미련을 버려라. 통제할 수 있는 것은 다음 시험, 오직 미래뿐이다. 과거에서는 미래에 도움이 될 만한 것을 배우면 된다. 또한 미래를 생각하며 막연하게 불안해할 이유도 없다. 내 점수가 어떻게 될까를 생각하지 말고, 현재 내가 할 수 있는 것에 집중해야 한다. 과거도 미래도 아니고, 현재의 과정에 집중해라.

― 출처 : 유튜브 StudyCode

명문대 학생들의 혼공법

Chapter 3

 **명문대생 7인의 성적비법**

〈혼공시대〉가 만난 일곱 명의 명문대 합격생은 하나같이 혼공의 중요성을 이야기했다. 수업시간보다 자습시간에 비로소 진짜 공부가 시작된다고도 했다. 많은 학생이 단순히 시간을 채우고 나서 공부했다는 만족감을 느끼고 거기서 공부를 끝내는데, 사실은 내가 무엇을 알고 무엇을 모르는지 짚어보고 부족한 부분을 채워야 진짜 공부라는 것이다. 그러려면 수업시간 이후에 자습을 하며 스스로를 돌아보는 것은 필수다. 학교나 학원, 부모의 지나친 기대와 그로 인한 부담감, 그리고 산더미 같은 과제는 공부에 그다지 도움이 되지 않는다. 그러면 아이는 진짜 자신에게 필요한 공부를 하는 대신 오히려 빨리 해치우고 그 짐을 벗어던지고 싶다고 느끼기 때문이다. 공부가 제대로 될 리 없다.

물론 7인 중 "교과서만 보고 공부했어요"라는 고리타분한 말을 하는 학생은 없었다. 부모나 학원의 도움도 어느 정도는 필요하다고 말하는 학생도 있었다. 하지만 그것은 어디까지나 자신이 그 필요를 판단하고 자기 실력을 정확히 인지하고, 가야 할 방향을 파악한 상태에서 일종의 가이드 역할로만 받아들였다고 했다. 이를 입증하는 조사 결과도 있다. 2015년 서울대학교 신입생 3,362명을 상대로 설문조사를 한 결과, 응답자의 88.5%가 고등학교 때 사교육을 받은 경험이 있다고 했지만, 그중 '상당히 도움이 됐다'고 답한 학생의 비율은 48.1%로 절반에 미치지 못했고, '도움이 되지 않았다'고 대답한 비율도 11.1%에 달했다. 반면, 학업성취에 가장 큰 영향을 준 요인으로는 '자기주도적 학습(81.5%)'이 압도적으로 높게 나타났다. 이는 사교육만으로는 좋은 성적을 달성할 수 없고, 결국에는 혼자 공부하는 능력이 중요하다는 방증이다.

나를 알아야 내게 맞는 공부법을 찾을 수 있다

일곱 명 중 한 사람인 충남대학교 의대생 진세령 학생은 "자기주도학습이란 결국 자기 자신을 잘 아는 것"이라고 정의했다. 자신의 성적, 자신의 성향, 자신이 집중할 수 있는 시간, 자신에게 부족한 것 등등을 잘 알아야 제대로 된 목표를 세우고 이를 밀고 나갈 수 있기 때문이다. 예컨대 자신을 알아야 너무 허망한 목표도, 너무 쉬운 목표도 아닌 적절한 목표를 세우고 실천할 수 있다. 또한 자신의 특성을 알아야 자기에게 잘 맞는 공부법을 찾을 수 있다.

사실 혼공은 비단 학업에만 국한되지 않는다. 사회에 나와 직업을 갖고 긴 인생을 살아감에 있어서도 혼공하는 습관과 능력은 결코 빼놓을 수 없다. 자신의 상태, 자신의 목표를 알고 그것을 향해 나아가는 것만큼 인생에서 중요한 것도 없기 때문이다. 같은 학교를 나와 똑같은 출발선에서 시작해도 자신을 알고 그에 맞는 목표를 갖고 꾸준히 실천한 사람과 그렇지 않은 사람은 10년, 20년이 지나면 인생이 딴판으로 달라져 있기 마련이다. 자신을 알고 원하는 길을 스스로 개척할 수 있는 힘을 기를 수 있는 유일한 방법이 바로 혼공이다.

그런 의미에서 순천향대학교 의대생 조은정 학생도 자신에게 맞는 혼공법을 찾는 것이 중요하다고 했다. 처음부터 누군가가 완벽한 공부법을 가르쳐줄 수 없고, 스스로 여러 가지를 시험해보면서 자신에게 맞는 방법을 찾아야 한다. 그 과정에서 시행착오를 했다고 좌절할 필요 없다. 시행착오를 해보지 않으면 무엇이 자신에게 맞는지 알 수 없기 때문에 오히려 꼭 필요하다.

서울대학교 서어서문학과 김나영 학생은 영어 공부를 예로 들면서 보통의 학생들은 영어 문제를 풀 때 단어 찾고 문법 찾아서 해석만 하고 끝내지만 해석까지는 준비운동을 끝낸 것에 불과하다며 이렇게 말했다. "시간이 더 많이 걸리더라도 출제자의 입장이 돼서 해석까지 끝낸 이후에, 다시 문단을 분석해보고 어떤 문제를 낼 수 있을지 이리저리 뜯어보면서 공부해야 진짜 그 문제를 제대로 소화할 수 있어요. 해석만 하고 끝내는 건 소화하지 않고 그냥 씹고 뱉어버리는 것이나 마찬가지죠. 그렇게 항상 한 발짝씩 더 가야 좋은 성적을 거둘 수 있습니다."

이처럼 명문대 학생들은 혼공을 하면서 스스로에게 맞는 방법을 찾아 나갔다. '혼공'은 좋은 성적의 기본이고, 이 기본 키워드를 각자에게 맞는 노하우로 발전시켜서 합격의 기쁨을 누렸던 것이다. 이 학생들은 어떤 혼공법을 사용했는지, 그 과정에서 어떤 효과를 얻었는지 살펴보고 스스로 적용할 부분이 있는지 적극적으로 살펴보기 바란다.

혼공의 든든한 백그라운드, 주도적 시간관리

"수시 원서를 낼 때, 대부분의 학생이 자기소개서에 엄청 공을 들여요. 오탈자 체크도 많이 하고 내용도 그럴듯한 말로 멋있게 포장하죠. 그런데 저는 솔직히 말하면 자기소개서에 오타도 있었고 띄어쓰기 실수도 많았어요."

첫 번째로 혼공법을 배워볼 학생인 김나영 양은 돌이켜보니 본인의 자기소개서는 허점투성이였다고 웃으며 말했지만, 본인이 지원했던 여섯 개 학교에서 모두 입학허가를 받아냈다. 자신의 학창시절 3년 이야기를 자기소개서에 더하지도 빼지도 않고 솔직하게 서술한 덕분이다. 과연 어떻게 학창시절을 보냈기에 입학사정관들의 마음을 사로잡은 것일까?

"고등학교 3년 동안, 저의 모든 일과를 입학사정관이 지켜본다고 생각

하며 살았어요. 누가 봐도 떳떳하게 살자, 그리고 무엇보다 나 자신에게 부끄럽지 않은 생활을 하자는 것이 모토였죠. 그렇게 3년을 보내면 내가 원하는 대학에 합격할 수 있을 거라고 믿었어요."

서울대학교 서어서문학과 **김나영**

    누구보다 치열하게 고등학교 3년을 보냈다는 김나영 학생. 하지만 중학교 때까지만 해도 학교에서 그다지 주목받는 학생은 아니었다. 막연히 좋은 대학을 가야겠다고 생각하긴 했지만 뚜렷한 목표의식도 없었고, 시험 때면 벼락치기로 공부해서 성적을 얻는 평범한 학생이었다. 그런데 중학교 3학년이 끝나갈 무렵, 자신 있게 지원했던 외국어고등학교에 떨어지면서 정신이 번쩍 들었고 이대로는 안 되겠다는 생각에 마음을 다잡았다고 한다. 그리고 그때부터 어떻게 공부할 것인지를 스스로 고민하기 시작했다.

    일단은 스스로가 활발하고 외향적인 스타일이라서 수동적으로 가만히 앉아서 공부하고 싶지는 않았다. 그래서 어떤 과목을 공부하든 어떻게 하면 내가 주인공이 될 수 있을까를 고민하면서 공부했다고 한다. 예를 들어 국어를 공부할 때는 드라마를 본다고 생각하면서 '내가 이 지문의 주인공이라면 어떨까?' 하면서 감정이입을 하며 읽었고, 수학을 공부할 때는 수학자가 나오는 영화 OST를 틀어놓고 제한된 시간 안에 긴박하게 풀어야 한다는 상상을 하면서 공부했다. 영어 공부는 스스로 출제자가 되어 지문을 오려가면서 순서를 바꿔보기도 하고, 핵심 단어나 접속사를 가위로 잘라낸 후 다양한 단어를 써넣어보는 식으로 상황을 변형시키며 했다. 결국 자신의 성격과 스타일을 잘 알았기 때문에 지루하지 않게 즐기면서 혼공을 할 수 있었던 것이다.

다양한 혼공 노하우를 가지고 있었지만, 서울대학교에 합격할 수 있었던 가장 중요한 요소로는 '시간관리'를 꼽았다. 본인이 만약 서울대학교 학생이라면 주어진 24시간을 어떻게 쓸까를 상상하고 고민했고, 그때부터 3년 동안 시간을 쪼개 쓰기 시작했다고 한다.

아침에 일어나서 잠들기 전까지 모든 시간을 최대한 활용하기 위해 노력했고, 수업시간과 자습시간은 물론이고 등하교 시간, 쉬는 시간, 점심시간 같은 자투리 시간까지 죄다 모아서 공부에 쏟아부었다. 그리고 그 노력은 성적에 고스란히 반영됐다. 고등학교 1학년 때까지만 해도 50~60점대를 맴돌던 수학 모의고사 점수가 2학년 때에는 70~80점대로 올랐고, 고등학교 3학년 때에는 90점에서 100점으로 뛰면서 최상위권에 진입하게 된 것이다. 마치 사금을 모으는 심정으로 1분 1초까지 모아 공부에 활용했다는 나영 학생의 시간관리 방법은 다음과 같다.

1 잠자는 7시간은 반드시 확보

'매일 밤 쓰러져서 잠들 만큼 하루하루를 열심히 살자'는 원칙을 세우고 그 정도로 한시도 허투루 흘려보내지 않았다. 만일 침대에 누웠는데 잠이 안 오는 날이 있으면 그만큼 하루를 열심히 살지 않은 것이기 때문에 반성했다. 낮에 치열하게 공부하는 대신 밤이 되면 다음 날을 위해서 푹 잤다. 아무리 시간을 알뜰하게 쪼개 써도 수면시간만큼은 항상 일곱 시간을 고수했다. 잠을 제대로 자지 못해서 다음 날 수업시간이나 자습시간에 집중하지 못한다면 잠을 줄여가며 공부한 의미가 없어지기 때문이다. 수면시간 일곱 시간은 내일을 위한 투자인 셈이다.

2   시간대별로 공부 배분

특히 3학년 때는 1분 1초가 아까운 시기라 아침에 일어나면 일단 공부 계획을 세웠다. 시간을 잘 활용하기 위해 계획을 굉장히 빡빡하게 세웠는데, 시간의 성격에 따라 적합한 공부를 배분하는 것이 노하우다. 예를 들면 쉬는 시간이나 등교 시간 같은 자투리 시간에는 영어 단어를 외우고, 어렵지 않은 수학 문제를 빨리빨리 푸는 연습을 했다. 그리고 두세 시간씩 주어지는 자습시간이나 저녁 시간에는 집중력과 이해력을 요구하는 주요 과목을 공부하거나 난도 높은 문제를 풀었다. 이런 시간 활용법을 실천하고 싶다면, 각자 시간대별로 다양한 공부를 해보고 어떤 시간에 어떤 공부를 하는 것이 가장 효과적인지를 알아낼 필요가 있다. 결국 자신에게 잘 맞는 시간 활용법을 깨치는 것이 중요하다.

3   자투리 시간 낭비하지 않기

대부분은 5분, 10분 정도의 짧은 시간에 무슨 공부를 할 수 있겠느냐고 생각하지만, 자투리 시간도 활용하기에 따라서 귀중한 공부 시간이 된다. 하루 24시간 중 등하교 시간, 쉬는 시간, 수업 중에 선생님이 TV를 켜거나 교재를 화면에 띄우느라 지체되는 시간 등을 다 모아보면 한 시간도 훌쩍 넘는다. 그런 자투리 시간을 모으면, 남들이 24시간을 살아갈 때 25시간을 사는 듯한 효과를 누릴 수 있다.

4 규칙적인 휴식은 필수

분초를 아껴가며 악착같이 공부했지만, 열심히 공부한 이후에는 노력에 대한 보상으로 늘 충분히 쉬었다. 식사시간까지 아껴가며 공부하는 친구들도 있는데, 나영 학생은 점심·저녁 식사 때는 한 시간을 온전히 쉬었다. 밥을 빨리 먹었다고 해서 바로 공부를 시작하는 게 아니라 산책을 하는 식으로 한 시간을 충분히 쉬고 난 후에 공부를 시작했다. 휴일도 마찬가지다. 집에서 공부해야 하는 주말이나 휴일에는 마음이 흐트러지기 쉽기 때문에 공부시간과 휴식시간을 철저히 분리하고 지켰다. 집에서 공부할 때도 학교에서와 마찬가지로 50분은 집중하고 10분은 휴식을 취하는 식이다. 그래야 집중력도 높아지고 무엇보다 뇌가 공부 리듬을 잃어버리지 않는다.

5 토요일은 보충수업, 일요일은 완벽한 휴식

평일에 끝내지 못한 공부가 있으면 토요일에 몰아서 보충했다. 보충을 할 수 있는 여지를 두기 위해 토요일에는 일부러 공부 계획을 많이 세우지 않았다. 모자란 공부, 다 못한 공부는 토요일에 집중적으로 마무리했고, 일요일에는 가족과 등산을 하는 등 완벽한 휴식을 취했다. 일주일 중 6일을 치열하게 살았으니, 하루는 온전하게 휴식을 취함으로써 자신에게 보상한 것이다. 집중과 휴식이 적절하게 조화를 이뤄야 좋은 결과를 얻을 수 있다.

　김나영 학생은 타고난 머리나 재능보다 주어진 시간을 잘 보내는 것이 더 중요하다고 믿었고, 그럴 때에야 마지막 승자가 된다고 마음을 다잡으며 고등학교 3년을 누구보다 치열하게 살았다. 놀고 싶고 더 쉬고 싶다는 유혹이 찾아올 때마다 성공한 사람들의 자서전을 읽으며 스스로 동기를 부여한 것도 큰 도움이 됐다. 특히 마이클 잭슨이나 김연아 선수의 자서전에서 도움을 많이 받았다. 두 사람 모두 공부로 성공한 것은 아니지만 자기 분야에서 최고가 된 사람이고, 그런 사람들에게는 남다른 점이 있었기 때문이다. 김연아 선수가 피겨스케이팅을 대했던 것처럼 공부를 한다면 최고의 대학도 갈 수 있을 것이라 생각하면서 흔들리는 마음을 다잡았고 결국 목표를 이뤄냈다.

　아무리 뛰어난 재능이 있어도 노력과 열정이 없으면 성공할 수 없다는 생각을 마음에 새기고 스스로를 채찍질한 결과 나영 학생은 목표로 한 대학에 입학했을 뿐 아니라, 스스로 다짐한 것처럼 자신에게 부끄럽지 않은 사람으로 성장할 수 있었다.

충동을 조절하는 방법, 체력과 집중력 관리

충남대학교 의대에 재학 중인 진세령 학생은 수석으로 중학교에 입학했고, 중학교 재학시절 3년 내내 전교 1등을 놓치지 않았다. 고등학교 때도 최상위권을 벗어난 적이 없다. 소위 뼛속까지 우등생이던 세령 학생은 어렸을 때는 부모님의 기대를 채워주고 싶어서, 좀 더 자라서는 자신의 목표를 위해 열심히 공부했다고 한다. 그리고 고등학교 때부터는 부모님에게 의지해서 하는 공부만으로는 절대 최상위권이 될 수 없다고 딱 잘라 말했다. 중학교 때까지는 어느 정도 부모님의 가이드가 필요하기도 하지만, 부모님에게 100% 의지해서 공부하는 아이들은 고등학교에 가면 나가떨어지기 마련이다.

충남대학교 의과대학 **진세령**

진세령 학생이 특히 혼공의 필요성을 절실하게 느낀 것은 재수를 했을 때였다. 재수 시기에는 그만큼 절박하기 때문에 고3 때와는 마음가짐이 다를 수밖에 없다. 고3 때는 약간 자만하는 마음도 있었지만, 실패를 한 번 경험하고 나서는 또다시 같은 전철을 밟지 않기 위해 무엇이 필요할까를 진지하게 고민했다. 그리고 이를 계기로 자신에게 맞는 혼공법을 찾아내고 실천한 결과 원하는 대학에 합격할 수 있었다. 그전까지는 다소 막연한 공부를 했다면 재수를 하면서는 그야말로 진짜 공부를 집중력 있게 한 것이다.

　특히나 자신이 충동조절 부분에서 약점이 있다는 것을 알고 있었기 때문에 아예 충동이 일어날 환경을 없애버리는 전략을 썼다. 공부하다가도 핸드폰 같은 것이 눈에 들어오면 유혹에 져서 자꾸 하고 싶어지기 때문에 아예 핸드폰을 없애버렸다. 또 친구들이 옆으로 지나다니는 게 눈에 띄면 말을 걸고 싶어지고 집중력이 흐트러지니 앞과 한쪽 옆이 막혀 있는 모퉁이에서 공부를 했다.

　이처럼 자신의 약점을 보강해나가면서 공부에 집중한 세령 학생이 철저히 지킨 혼공의 원칙은 다음과 같다.

1 운동으로 체력과 집중력 키우기

　공부도 체력이다. 집중력 역시 체력이 뒷받침돼야 오래 유지할 수 있다. 흔히 고등학생이 운동할 시간이 어디 있느냐고 하지만, 진세령 학생은 틈만 나면 운동을 했다. 주로 점심식사와 저녁식사 후에 축구나 농구 같은 운동을 했다. 그리고 문제를 풀다가 막히거나 머리가 잘 안 돌아간다고 느껴질 때면 운동장으로 뛰어나가서 머리를 식혔다.

    운동을 하면 체력이 좋아질뿐더러 집중력과 사고력이 향상되는 효과도 누릴 수 있다. 최신 연구에 따르면 운동을 하면 전두엽의 크기가 늘어나 기억력과 사고력이 향상된다. 그뿐 아니라 스트레스 호르몬이 줄어들고, 스트레스 호르몬으로 인한 기억력 감퇴까지 줄일 수 있다. 체력과 집중력을 키우는 일석이조의 효과를 거둘 수 있는 것이다.

2 쉴 때는 확실하게 쉬기

    공부만큼 중요한 것이 휴식이다. 공부 잘하는 학생들은 공부만 할 것 같지만 사실은 쉴 때 확실히 쉬어야 공부할 때 더 집중력이 살아나 좋은 성적을 거둘 수 있다. 진세령 학생도 수업시간과 자습시간에는 최대한 집중해서 공부하고 쉬는 시간, 점심시간, 저녁식사 시간에는 무조건 쉬었다. 공부가 안 될 때도 억지로 붙잡고 있기보다는 잠깐 쉬면서 머리를 식혔다. 공부 효율성을 높이기 위해서였다. 휴식을 취할 때는 뇌를 쉬게 하는 활동을 주로 했다. 집중을 하면 뇌도 지치기 때문에 쉴 때는 되도록 머리를 쓰는 활동은 하지 않았다. 유튜브 영상을 보거나 게임을 하거나 친구들과 잡담을 하면 뇌가 쉴 수가 없다. 많은 학생이 그런 식으로 휴식을 취하는데, 사실 그건 진정한 의미의 휴식이라고 하기 어렵다. 계속 뇌를 쓰고 있는 셈이기 때문이다. 그래서 세령 학생은 운동을 하거나 산책을 하거나 노래를 듣거나, 아니면 눈을 감고 아무 생각도 하지 않거나, 쪽잠을 자는 식으로 뇌가 쉴 수 있는 방법을 취했다.

3 매달 공부 목표 세우기

공부를 할 때 목표만큼 중요한 것도 없다. 그만큼 동기부여가 확실히 되기 때문이다. 그런데 목표 세우기에도 전략이 필요하다. 너무 장기적으로 목표를 세우면 처음 한 달 정도는 바짝 열심히 공부하지만 어느 순간 흐지부지돼버리기 쉽기 때문이다. 결국 목표만 세우다가 허송세월을 하기 일쑤다. 진세령 학세도 그런 시행착오를 겪은 이후에는 무족건 단기 목표를 세웠다. 예를 들어, 3월 초에는 3월 모의고사 점수를, 4월이 되면 4월 모의고사 점수를 목표로 잡았고, 가끔은 가까이 있는 친구를 목표의 대상으로 삼기도 했다. '우리 반에서 수학을 가장 잘하는 친구보다 더 좋은 수학 성적을 거두겠다'라는 식으로 목표를 잡은 것이다. 눈에 보이는 목표는 힘이 세다. 눈앞에 확실한 목표를 세워두면 공부를 할 때도 효율이 높아지기 마련이다.

4 나에게 맞는 공부 환경 찾기

내가 어떤 환경에서 집중이 잘되는지를 알고 그런 환경을 조성하는 것도 혼공에 큰 힘이 된다. 우선은 여러 곳에서 공부해보면서 자신에게 잘 맞는 공간을 찾아가는 과정이 필요하다. 친구와 함께 공부를 해보기도 하고, 카페나 독서실, 그리고 도서관에 가서 공부를 해보기도 하는 식으로 여러 시도를 하다 보면 자신이 어떤 환경에서 집중력이 올라가는지 확인할 수 있다. 세령 학생은 자신이 집중력이 뛰어난 편이 아니라는 것을 깨닫고, 주변 소음을 차단하기 위해 항상 이어폰을 끼고 공부했다고 한다. 물론 지나치게 음악 등에 의존

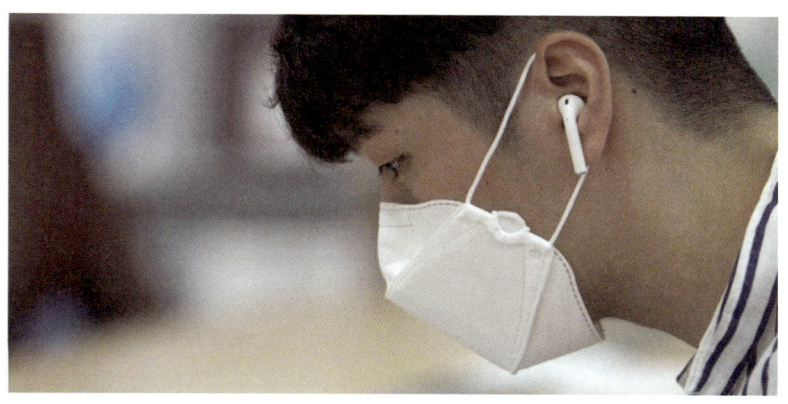

집중력 향상을 위해 이어폰 활용

하며 공부하면 부작용이 있을 수 있지만 소음을 차단하는 용도로 선별적으로 사용하는 것은 도움이 된다. 또한 앞서 말했던 것처럼 학교나 도서관에서 자리를 선택할 때도 일부러 시야가 막혀 있는 구석자리를 찾아다녔다. 스스로 집중력을 방해할 만한 요인을 없애버린 것이다.

5 집중력 키우는 연습하기

뭐든 시작하는 게 중요하다. 공부 역시 마찬가지다. 공부도 시작이 반이다. 공부하려고 책상에 앉았다가도 미적거리면서 책상 정리를 한다거나 평소에 하지도 않던 청소를 해본 경험이 다들 있을 것이다. 예열시간이 너무 많이 들어서 정작 공부는 얼마 하지도 못하고 잠자리에 드는 경우도 많다. 유튜브 하나만 보고 공부해야지, 하다가 어느새 한 시간 내내 유튜브만 보다가 끝난 경험도 해봤을 것

집중력 향상 위해 유튜브 촬영하기

이다. 그렇기 때문에 일단 자리에 앉으면 집중이 되든 안 되든 곧장 공부를 시작하는 것이 중요하다. 그러다 보면 어느새 집중해서 공부하는 자신을 발견할 수 있다. 처음에는 어렵더라도 꾸준히 연습하면 어느 순간 집중력이 늘어난다. 세령 학생은 처음에는 40분 정도만 집중할 수 있었는데 꾸준히 연습하니 집중 시간이 두 시간까지 늘어났다고 한다.

고등학교 때보다 대학에 온 지금 더 공부를 열심히 한다는 진세령 학생은 지금도 집중해서 혼자 공부하는 시간을 확보하기 위해 노력한다. 고교 시절과는 비교가 안 될 정도로 늘어난 의과대학 공부량을 소화해내기 위해서는 다른 선택의 여지가 없기 때문이다. 그래서 요즘에는 자신에게 맞는 새로운 방법을 시도하고 있다고 한다. 그중 하나가 바로 유튜브에 자신이 공부하는 모습을 중계하는 것이다.

"카메라를 켜놓으면 다른 사람들이 저를 쳐다보는 느낌이 들어서 더 공부에 집중하게 되더라고요. 혼자 공부하면서도 다른 사람을 의식하게 되기 때문에 딴짓을 안 하게 되는 경향이 있지요. 또 핸드폰으로 촬영을 하면 카메라가 작동하는 동안에는 핸드폰 사용을 못하니까 핸드폰을 보려야 볼 수가 없잖아요. 그렇게 제가 찍은 공부 영상을 유튜브에 올리면 응원 댓글도 달려요. 제 모습을 보고 공부에 동기부여가 됐다는 댓글을 볼 때마다 보람도 느껴지니까 일석삼조의 효과를 얻을 수 있어요."

 ## 따로 또 함께, 친구와 혼공하는 방법

비대면이 일상화되면서 혼공이 새삼스레 주목을 받기 시작했고, 함께 모여서 공부하는 모습도 흔치 않게 됐다. 늦은 시간까지 꽉 들어찬 독서실은 이제 딴 세상 이야기다. 그런데 이렇게 고립되어 공부를 하다 보면 앞서 말했듯 '사회적 촉진효과'를 누릴 수 없고 외로움을 느낄 수 있으며, 자신이 지금 어디쯤에 있는지 인식하기 어렵다는 단점도 있다. 그래서 요즘에는 오롯이 혼자서 공부를 하면서도, 함께 공부하는 듯한 효과를 내는 공부법을 많이들 활용하고 있다.

1 유튜브 및 영상 녹화

진세령 학생처럼 공부하는 장면을 녹화해서 유튜브에 올리는 것도 그러한 방법 가운데 하나다. 혼자서 공부하지만 그 모습을 다른 사람이 보고 있다고 생각하면 혼공의 효과는 누리되 고립감은 느끼지 않을 수 있다.

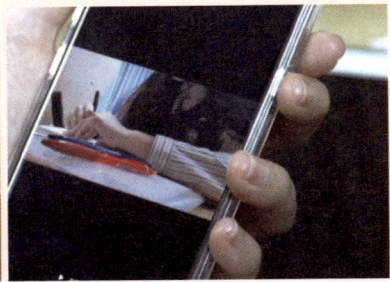

공부 장면을 녹화하는 혼공법

실제로 유튜브에는 'study with me', '실시간 공부', '세 시간 공부 함께하기' 등의 키워드로 수많은 콘텐츠가 올라와 있고 인기 있는 콘텐츠는 조회수가 500만 회를 훌쩍 넘긴다. 많은 사람이 혼공을 하면서도 다른 사람과 함께하는 듯한 기분을 느끼고 싶어 하고, 이러한 방법으로 자신을 더 다잡으려 한다는 것을 알 수 있다.

꼭 유튜브에 올리지 않더라도 화면으로 자신이 공부하는 모습을 촬영하기만 해도 어느 정도의 효과는 볼 수 있다. 공부하는 자신의 모습을 인지하면서 졸지 않을 수 있고, 기록물을 보면서 이만큼 공부했다는 성취감과 자극을 느낄 수 있기 때문이다.

2 온라인 독서실 및 공부시간 기록 앱

친구들과 줌(Zoom)으로 온라인 독서실을 여는 것도 도움이 된다. 몸은 떨어져 있지만 같은 시간에 공부하고 있다는 것을 눈으로 확인할 수 있기 때문에 생각보다 오랫동안 공부할 수 있다.

그 외에 공부시간을 기록하는 앱도 사용해볼 만하다. 가계부를 쓰듯이 시간을 낭비하지 않고 효율적으로 사용할 수 있을뿐더러 모여 있는 사람들이 얼마나 공부했는지를 확인할 수 있고 순위도 매겨지기 때문에 1등을 하겠다는 욕심이 생기고 의욕이 솟는 것을 느낄 수 있다. 다른 사람이 얼마나 공부했는지, 내 공부량이 상위 몇 %인지, 지금 공부하고 있는 사람은 몇 명인지 등도 바로바로 확인할 수 있다. 그렇기 때문에 공부를 하다가 쉬고 싶다는 생각이 들 때도 다른 아이들도 이렇게 공부

온라인 독서실

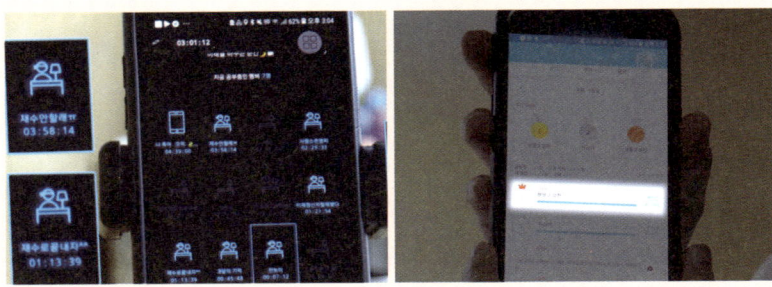

공부시간 기록 앱

하는데 조금 더 해야 되지 않을까 하고 마음을 다잡게 된다. 이처럼 온라인을 이용하면, 외부의 방해를 받지 않고 혼자 공부하면서도 타인과 함께한다는 유대감과 선의의 경쟁심을 누릴 수 있다는 장점이 있다.

3
SNS 게시물

자신이 공부한 내용을 사진으로 찍어서 SNS에 올리는 학생들도 많다. 실제로 인스타그램에는 '공스타그램'이라는 해시태그로 올라온 게시물이 500만 건이 넘는다. 이런 식으로 아이들은 지금까지와는 다른 방식으로 사회적 촉진효과를 스스로 만들어내고 활용하고 있는 것으로 보인다.

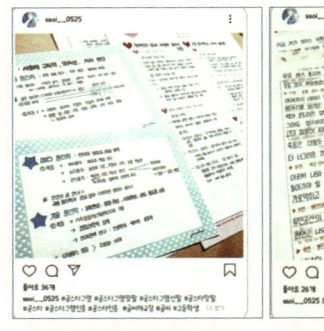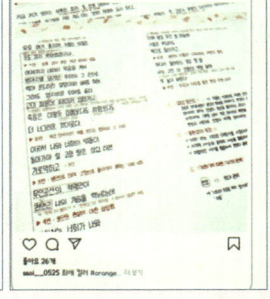

공부한 내용 SNS에 올리기

공부는 어차피 혼자 하는 것이지만 단절되거나 고립된 느낌은 공부를 어렵게 만든다. 혼공을 하면서도 다른 사람도 지금 이 시간 공부하고 있구나, 나만 이렇게 힘든 것은 아니구나 하는 것을 눈으로 확인하면 위안과 함께 동기부여를 받을 수 있다. 위와 같은 방법을 활용하면 '따로'지만 '함께' 공부할 수 있는 것이다. 물론 내실 있게 공부하기보다 지나친 보여주기 식으로 흐르면 부작용이 생길 수 있지만 적정한 수준에서 현명하게 사용하면 분명 도움이 될 것이다. 시대에 따라 혼공 기술도 달라지기 마련이다. 나에게 도움이 되는 혼공법을 찾아서 활용해보기 바란다.

나를 돌아보는 방법, 멀티 플래너

어렸을 때부터 외교관이나 정치인을 꿈꿨던 조은정 학생은 2019년 드디어 꿈에 그리던 서울대학교 정치외교학과에 입학했다. 그런데 신입생 시절 우연히 교양과목으로 들었던 의학 수업이 인생의 방향을 바꿔놨다. 사람의 생명을 살린다는 것에 매료돼 의사가 되겠다고 결심한 것이다. 그렇지만 문과를 전공한 은정 학생이 의과대학에 진학하기 위해서는 남들보다 몇 배나 많은 노력이 필요했다. 학교를 다니며 재수를 하기란 불가능하다고 판단하고는 1학기를 마치고서 반수를 결심했고 그때부터 치열한 6개월을 보냈다. 그리고 그해 겨울 순천향대학교 의과대학에서 당당히 입학허가를 받았다. 입시 2관왕이 된 것이다.

순천향대학교 의과대학 **조은정**

문과, 이과를 넘나들며 최고의 명문대에 입학한 공부의 달인에게 언제부터 그렇게 공부에 재능을 보였느냐고 묻자 의외의 답변이 돌아왔다. 중학교 1학년 때까지만 해도 친구들과 어울려 노는 걸 좋아했고, 시험기간에만 반짝 공부하는 평범한 학생이었다면서 공부는 중학교 3학년이 돼서야 본격적으로 시작했다고 했다. 중학교 3학년에 올라가면서 고등학교 3년을 어떻게 보내야 할지 고민이 됐고, 그때부터 자신에게 맞는 공부법을 찾기 위해 고군분투했다고 한다. 그리고 그런 노력은 배신하지 않고 빛을 발해 성적이 오르기 시작했고, 성적이 오르니 공부가 더 재미있어져 독하게 공부를 했다. 선순환이 시작된 것이다. 평범했던 중학생을 최상위권으로 탈바꿈시켜준 은정 학생의 공부법은 다음과 같다.

1 나에게 맞는 공부법 찾기

아무리 열심히 공부를 해도 성적이 안 나온다면 공부하는 방법에 문제가 있는 건 아닌지 한번 생각해봐야 한다. 그만큼 공부법이 중요하다. 조은정 학생은 나에게 맞는 공부법을 찾기 위해 다양한 시도를 했다. 다른 사람은 노트 필기를 어떻게 하고 있나 찾아보기도 하고 그 방법이 나에게 맞는지 이리저리 적용해보기도 하고, 나만의 방법으로 이해하고 암기하기 위한 방법은 무엇일지 고민하고 실천해보는 식이었다. 여러 가지 공부법을 적용해본 후에야 자신에게 맞는 방식을 찾을 수 있었고, 그때부터 성적이 가파르게 오르기 시작했다. 그전까지는 노력과 성적이 꼭 비례하는 건 아니라고 생각했지만, 방법을 찾고 나니 노력한 만큼 좋은 결과가 나오기 시작했다. 이러한

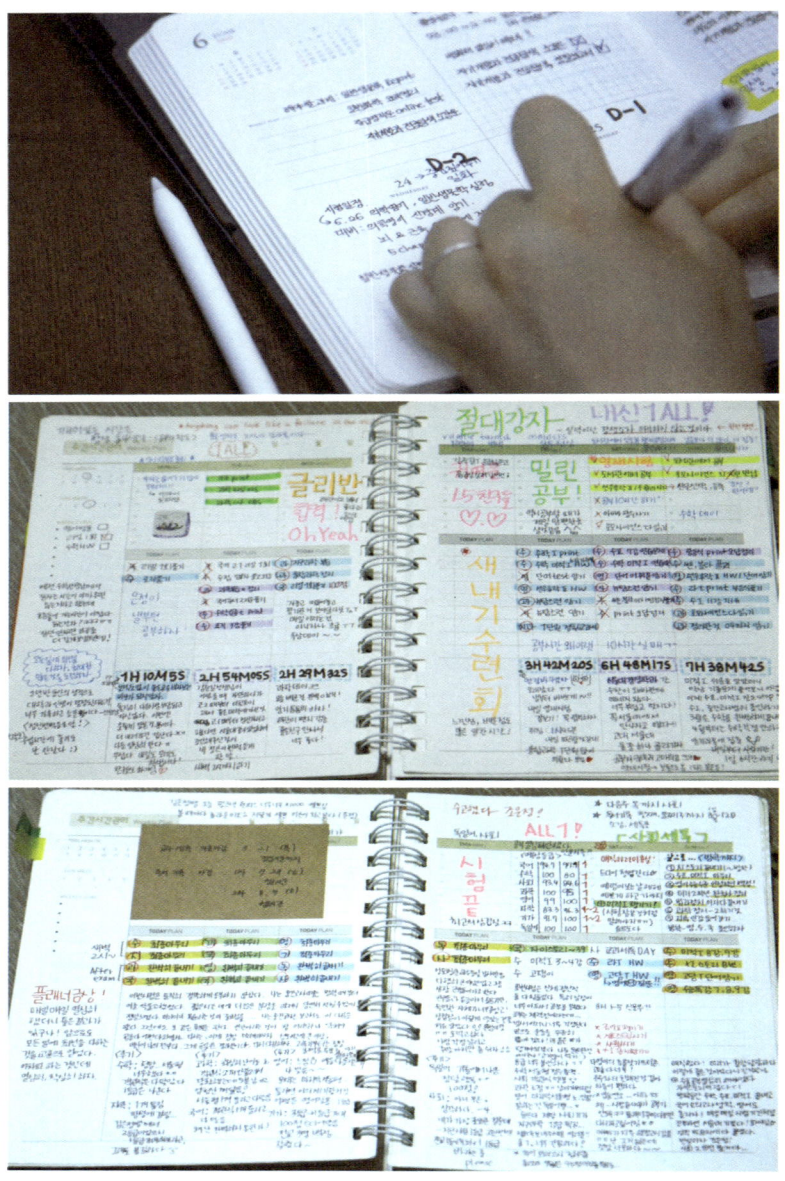

조은정 학생의 현재와 고등학교 시절 플래너

과정을 반복하면서 자신에 대한 기대치가 높아지고 매일매일 성취감을 느낄 수 있었다. 그런 성취감은 공부를 즐겁게 만들어준다.

2 공부 자극을 불러일으키는 멀티 플래너

보통 플래너라고 하면 공부 계획을 써놓은 노트를 생각한다. 하지만 은정 학생은 플래너를 보다 적극적으로 활용했다. 첫 장에는 '가고 싶은 대학'을 큼지막하게 써놓고 매월 자신의 목표를 눈에 띄게 적어놓았다. 플래너를 펼칠 때마다 목표를 상기하기 위해서였다. 뿐만 아니라 모르는 부분, 자신이 반성할 지점도 함께 적어놓음으로써 부족한 부분을 보충하고자 했다. 잠의 유혹에 빠질 때, 핸드폰을 하고 싶다는 생각이 들 때면 이러한 점을 어떻게 하면 보완할 수 있을지, 이 약점을 어떻게 극복할 수 있을지 방법을 생각하고 플래너에 적어뒀다. 은정 학생의 플래너는 단순한 플래너가 아니라 일기이자 동기부여 지침서이자 약점 극복서였던 셈이다. 플래너는 남이 대신 작성해줄 수 없다. 스스로 계획하고 반성하는 식으로 주도적으로 플래너를 활용해야 혼공을 할 때 도움을 받을 수 있다. 은정 학생은 지금도 여전히 적극적으로 플래너를 활용하고 있다.

3 나를 자극하는 동기 찾기

은정 학생은 동기가 없는 공부는 노동이라고 생각한다고 말했다. 목표나 동기가 없으면 그냥 책상 앞에 앉아 있기만 해도 힘이 들기 때문이다. 그래서 은정 학생이 세운 첫 번째 목표는 '스스로에게 감동할 수 있는 3년을 보내자'였다. 그리고 두 번째는 '어제보다 나은 내가 되자'였다. 그 목표를 책상 앞에 항상 붙여놓고 나태해지거나 잠이 올 때마다 쳐다봤다. 그러면 자다가도 침대에서 벌떡 일어날 만큼 정신이 들었다. 동기가 있으면 공부를 해야겠다는 자극이 될 뿐만 아니라 집중력도 올라가고 공부하는 시간도 단축된다. 동기와 목표는 지치지 않고 혼공을 할 수 있는 힘을 준다.

4 의지를 믿기보다 공부할 수밖에 없는 환경 만들기

공부를 하다가도 어떤 것이 신경 쓰이면 집중력이 흐트러지기 마련이다. 공부하다가 멈추고, 다시 시작하려면 또 시간이 걸리기 때문에 그럴 때는 '내가 의지가 부족한가 보다, 왜 이렇게 집중을 못하지?'라고 생각하기보다 아예 신경 쓰이는 것을 없애 공부할 수밖에 없는 환경을 만드는 것이 좋다. 인간의 의지력만으로는 모든 것을 극복할 수 없다. 의지를 강조하기보다 오히려 잘할 수 있는 환경을 조성하는 것이 목표를 이루는 데 훨씬 더 도움이 된다.

은정 학생은 공부를 방해하는 요소를 리스트로 만든 후 그것을 어떻게 제거할지 고민했다. 예를 들어 머리가 자꾸 흘러내리는 것이 거슬려서, 미용실에 가서 머리를 짧게 자른 후 헤어밴드를 하고 공부를 했다. 머리카락에 신경 쓸 일이 없도록 환경을 조성한 것이다. 또, 밤마다 쏟아지는 졸음을 해결하기 위해 엄마에게 서서 공부할 수 있는 높이조절 책상을 사달라고 부탁했다. 또한 다른 친구들과 마찬가지로 가장 큰 장애물은 핸드폰이었는데, 이를 사용할 수 없는 환경을 만들었다. 학교나 도서관에 갈 때는 아예 집에 핸드폰을 두고 갔고, 집에서 공부할 때도 아빠나 엄마에게 맡겨버렸다. 심지어 핸드폰을 자신이 모르는 곳에 숨겨달라고 부탁하기도 했다. 이렇게 공부를 방해하는 요소를 하나하나 제거해, 집중할 수밖에 없는 환경을 만들어가면 집중력을 잃지 않고 공부하는 습관을 들일 수 있다.

5 집중이 안 될 때는 과목과 장소 바꿔보기

은정 학생은 스스로를 집중력이 좋은 학생은 아니라고 평가한다. 한 과목에 오랫동안 집중하기가 힘들었고, 하다 보면 자꾸 딴생각이 들기도 했기 때문이다. 그런 자신의 성향을 잘 알았기에 공부 패턴을 그에 맞춰 계획했다. 대표적으로 과목을 자주 바꿔가며 공부했다. 수학을 공부하다가 지겨워지면 영어를 하고, 영어를 하다가 지겨워지면 암기과목으로 넘어가는 식으로 리듬감을 줬다. 잠이 오거나 긴장감이 떨어졌다 싶으면 장소도 바꿨다. 방에서 공부가 잘 안 되면 아파트 엘리베이터나 지상 주차장에서 찬바람을 맞으면서 단어를 외우기도 했다. 이 방법이 여의치 않을 때는 자세라도 바꿔서 공부했다. 학교에서 야간 자율학습을 할 때 책상에 앉아서 공부하다가 좀이 쑤시면 기마자세를 하거나 아니면 바닥에 무릎을 대고 꼿꼿하게 허리를 세우고 공부하기도 했다. 그래서 친구들에게 '공부 자세가 특이하다'는 말도 많이 들었다. 공부시간, 공부 과목 등을 촘촘하게 계획하고 거기에 자신을 끼워 맞추려는 학생이 많은데, 이처럼 과목이나 장소, 자세 등을 융통성 있게 바꿔보는 것도 집중력을 유지하고 시간을 효율적으로 사용하는 데 도움이 된다.

6   스스로에게 즉각적인 보상 제공하기

고등학교에 들어와서야 본격적으로 공부를 시작한 만큼 은정 학생의 고등학교 3학년은 치열했다. 한눈팔지 않고 딴짓하지 않기 위해 애썼고 그만큼 시간을 촘촘하게 활용했다. 하지만 사람이 매일, 24시간을 그렇게 살 수는 없고, 그렇게 하다가는 지쳐서 지레 나가떨어질 수밖에 없다. 은정 학생은 하고 싶은 것이 있으면 리스트에 적어뒀다가 시험이 끝나면 자신에게 선물을 주는 기분으로 그 리스트를 하나씩 실행하며 지워나갔다. 예를 들어 시험이 끝난 날에 영화를 한 편 본다거나 아빠와 맛집에 가서 평소 먹고 싶었던 음식을 먹었고, 그런 소소한 보상은 공부의 원동력이 돼줬다. 좋은 습관을 만들려면 지속할 수 있어야 하고, 지속하려면 자신에게 보상을 해줘야 한다는 것을 누가 가르쳐주지도 않았는데 자연스레 터득했던 것이다.

부모님이 맞벌이를 하셔서 은정 학생은 어려서부터 크고 작은 일을 스스로 해내는 데 익숙했다고 한다. 그리고 부모님은 그런 은정 학생을 전적으로 믿어줬다. 심지어 초등학교 2학년 무렵에 엄마에게 미술학원에 다니고 싶다고 말한 적이 있는데 "학원이 엄마 마음에 들면 무슨 소용이니, 네가 직접 알아봐"라고 했을 정도였다. 비록 공부는 뒤늦게 시작했지만 은정 학생이 주도적으로 혼공을 하고 좋은 성과를 낼 수 있었던 것은, 이처럼 믿어주고 자립심과 독립심을 키워준 부모님 덕분인지도 모른다.

혼공 Tip 나만의 혼공법을 찾아라

〈혼공코드〉가 만난 명문대생에게는 철저한 시간관리, 체력과 집중력 관리, 멀티 플래너 등등 자신만의 혼공비법이 있었다. 각기 다른 방법 같지만 사실 이들에게는 공통점이 있었다. 스스로 목표를 설정하고, 자신의 약점과 강점을 파악해서 본인에게 맞는 생활패턴과 공부법을 찾기 위해 끊임없이 고민했다는 점이다. 이런 고민은 선생님도, 엄마도 대신해줄 수 없다. 오로지 혼자서 감당해야 하는 영역이다. 이것이 바로 자기주도학습의 본질이기도 하다.

남들이 좋다는 공부법, 효과를 봤다는 공부법을 무조건 따라 하기보다는 다양한 시도를 하는 가운데 자신에게 맞는 공부법을 찾아야 한다. 미처 다루지 못했던 명문대생 7인의 사소하지만 도움이 됐던 혼공법을 소개하니, '나만의 공부법'을 찾는 데 활용해보기 바란다.

김나영
서울대학교 서어서문학과

**수학 공부를 보다
역동적으로**

빈 교실을 찾아 칠판 앞에 서서 수학 문제를 쓰고 마치 학생들에게 설명하듯 풀이 과정을 설명했다. 눈으로 보고 머리로는 이해했다고 생각했지만 막상 말로 하다 보면 막히는 부분이 생긴다. 말로 설명을 하면 내가 어디까지 알고 있고 어떤 개념을 정확히 이해하지 못했는지, 어떤 부분을 보강해야 하는지가 훤히 보인다.

조은정
순천향대학교 의과대학

암기과목을 한 권에, 단권화 비법

모든 교과서에 나오는 가장 중요한 핵심 내용을 한 권의 노트에 정리했다. 교과서를 보고 기억해둬야 할 것을 정리한 후, 인터넷 강의를 들으며 첨삭하고, 마지막으로 학교 수업시간에 중요한 것을 체크하는 방식으로 노트 필기를 했다. 그리고 이 한 권의 노트를 늘 손에 들고 다니며 반복해서 읽으며 복습했다. 내신에서 좋은 성적을 거둘 수 있었던 비법이다.

전혜림
순천향대학교 의과대학

남자친구와 연애하듯 공부하기

좋아하는 사람, 이성친구, 짝사랑하는 사람도 공부에 도움이 될 수 있다. 원래 친구들에게 가르쳐주면서 공부를 많이 했다는 전혜림 학생은 방 안에 커다란 화이트보드를 구비해두고, 마치 남자친구가 앞에 앉아 있는 것처럼 그날 공부한 내용을 설명했다. 행복한 기분 때문인지 공부가 지루하지 않았고, 공부한 내용도 더 오랫동안 머릿속에 남았다.

함경우
카톨릭대학교 의과대학

틀린 문제를 반복해서 풀고 정리하기

시험을 보면 과목별로 자주 틀리는 문제가 있다. 제대로 개념이 이해되지 않았기 때문에 같은 문제가 나와도 또 틀리는 것이다. 함경우 학생은 오답노트를 만들고, 반복해서 푸는 연습을 했다. 이 과정을 몇 번 거치고 나니 처음에는 수없이 많이 기록됐던 문제가 점점 줄어들고, 수능시험장에 들어갈 때는 수학 한 페이지, 영어 반 페이지, 국어 반 페이지, 그리고 과탐과 사탐은 그 내용이 서너 줄로 줄어 있었다. 수능시험을 보기 직전과 쉬는 시간에 마지막으로 이 노트를 체크했고, 결국 수능에서 좋은 점수를 받을 수 있었다.

Q 수업을 들을 때 선생님 농담까지 받아 적으라고 하는 말이 있던데, 정말 그게 좋은 방법인가요?

A 노트 필기에는 두 가지가 있다. 하나는 받아쓰기다. 많은 선배들이 말하는 '선생님 숨소리까지, 농담까지 받아 적으라'는 방법이 여기 속한다. 그런데 받아 적더라도 그렇게 하는 이유는 알고 해야 한다. 선생님의 말을 토씨 하나도 빼놓지 않겠다는 마음가짐으로 필기를 하는 이유는 선생님의 설명이 쓱 지나갈 때, 그것을 내 머릿속에 붙들어놓기 위해서다. 받아쓰기는 복습을 하다가 어려울 때 선생님의 입에서 나온 말을 다시 한번 살펴보기 위한 용도이다. 이런 필기는 복습을 위한 준비 과정 그 이상도 그 이하도 아니라는 사실을 명심해야 한다.

나머지 하나의 노트 필기가 정말 중요하다. 바로 '재구성(재조직)

하기 위한' 필기다. 내 것으로 만들기 위한 나만의 노트를 정리하는 것이 중요하다. 선생님 말씀이나 선생님이 적어주는 것을 그대로 옮겨 적는 것이 아니다. 배운 내용을 공부해서 나만의 필기, 나만의 노트를 만드는 것이 중요하다. 이것이야말로 필기의 꽃이다. 이 두 번째 필기는 공부한 내용을 나만의 것으로 만드는 과정인 동시에 내 것이 됐는지를 확인하는 과정이다.

서울대학교 합격생은 공통적으로 '설명하기'라는 공부법을 사용하는데, '나만의 노트 필기'와 그 맥락이 비슷하다. '설명하기'란 마치 자신이 선생님이 된 것처럼 중얼중얼하면서 내용을 설명해보는 공부법이다. 이 과정을 거치면 이해했다고 착각했었지만 미진했던 사각지대가 눈에 띄고, 부족했던 부분도 이해가 될 때가 많다. 최상위권은 자기만 알아볼 수 있는 '이상한 노트'를 작성한다.

Q 나만의 노트를 정리하면 좋긴 하겠는데, 시간이 아까워요. 노트 정리 정말 꼭 해야 하나요?

A 노트 정리는 공부의 기본 틀이다. 그렇지만 교과서와 문제집의 대체재로서 노트 정리를 하고 있다면 시간 낭비가 맞다. 똑같이 베껴 쓰면 안 하느니만 못 하다. 노트 정리는 교과서와 문제집, 그리고 내 기억의 보조수단으로만 여기고 실행해야 한다. 노트 정리란, 내가 이해하기 쉽고 암기하기 편하게 정리하는 것을 뜻한다.

여기서 중요한 것은 '내가 보기 좋게'이다. 교과서의 핵심을 뽑아내는 것이 정리지, 그대로 적는 것은 노트 정리가 아니다. 또한 노트 정리만 했다고 해서 공부가 끝났다고 생각해서는 안 되고, 이를 수

시로 살펴보면서 스스로 아는 것과 모르는 것을 점검해야 한다. 노트 정리는 머릿속에 개념을 넣기 위한 중간 단계이다. 그렇기 때문에 노트에는 내용의 핵심, 혹은 내가 자꾸만 까먹는 취약한 부분만을 적어놓고 복습을 해야 한다.

그렇다면 노트에 적어야 할 핵심이란 무엇일까? 내용을 요약하거나 정제할 수 없고 그냥 똑같이 적어야 한다면 그건 핵심이 아니다. 그런 것은 노트에 적을 필요가 없다. 예를 들어 수학에서 공식은 핵심이 아니다. 공식의 핵심은 공식 자체가 아니라 용도다. 정 공식을 적고 싶다면 본인이 이상하게 자꾸만 까먹는 아킬레스건 같은 공식은 적어도 된다. 맨 마지막에 가서는 노트가 한 페이지가 될 때까지 추리고 정제할 수 있어야 진정한 노트 정리라고 할 수 있다. 이 한 페이지는 시험에 들어가기 전까지 볼 마지막 핵심 사항이 된다. 방대하게 적으면 어차피 다 못 보고, 당연히 머릿속에 넣을 수도 없다. 모든 것을 적어야 한다는 이상한 완벽주의에 빠지지 말기 바란다. 성실주의에 빠지지 마라. 이는 주객이 전도되는 행위다. 노트에는 핵심과 아킬레스건만 적으면 된다. 그렇게 하면 시간 낭비가 아니라 공부 효율을 엄청나게 높일 수 있다.

Q 수업시간에 판서 필기를 하다가 선생님 설명을 자꾸 놓쳐요. 판서 필기에 집중해야 할까요, 설명 듣기에 집중해야 할까요?

A 공부는 받아쓰기가 아니다. 수업의 목적은 이해하는 것이지, 기계적인 받아쓰기가 아니다. 받아쓰기만 하는 것은 공부를 못하는 지름길이다. 판서를 받아쓰느라 설명을 못 듣는다면 안 쓰니만 못 하다.

공부의 단계를 예습과 수업, 복습으로 나눠보자. 예습은 '왜 이럴까?' 정도의 단계까지만 하면 된다. 여기서 무엇을 배우면 되는지 그 목표만 짚고 넘어가면 된다. 그리고 수업을 들으면서 궁금했던 것을 '아, 그렇구나' 하고 이해하면 된다. 그리고 복습을 할 때는 여전히 의문이 남는 것을 더 이상 불확실한 것 없이 명확하게 이해하면 된다. 그런데 필기를 한다고 해서 의문점이 해결될까? 그렇지 않다. 나의 '왜?'에 선생님이 답을 해주시면 그걸 이해해야 한다. 필기는 보조수단일 뿐이다.

그리고 필기와 이해가 잘 병행되지 않는 이유는, 수업에서 무엇을 들어야 하는지, 무엇을 적어야 하는지를 모르기 때문이다. 무엇을 써야 하는지 알면 필기와 이해를 한꺼번에 할 수 있다. 의문점이 해결되는 핵심이 바로 적어둬야 할 사항이다. 필기가 부족하다 싶으면, 나머지 세세한 부분은 다른 친구들의 필기를 빌려서 적어두면 된다.

Q 공부 중에 머리가 무거워서 휴식을 좀 취하려고 하는데, 게임을 하거나 유튜브를 봐도 되나요?

A 확실히 말하는데, '공부 중'이고 그날 계획이 아직 끝나지 않았다면 휴식은 없는 것이 맞다. 해야 할 분량을 다 끝내지 못했다면 극심한 고통을 느껴야 한다. 그게 당연하다. 하지만 도저히 공부 자체가 안 돼서 정말 쉬어야 할 필요가 있다면 어떻게 해야 할까? 그럴 때 최고의 휴식은 '쪽잠'이다. 음악을 듣거나 영화를 보거나 게임을 하는 것은 휴식이 아니다. 두뇌를 쉬게 해주지 않기 때문이다. 정 머리가 무거우면 아무것도 하지 말고, 아무것도 보지 말고 5분, 10분 자

고 다시 맑은 정신으로 공부하기 바란다. 계획이 끝나지 않았을 때 취할 수 있는 휴식은 이것뿐이다.

Q 최상위권 아이들은 어떻게 그렇게 집중력이 좋을 수 있죠?

A 공부를 잘하는 아이들이 괴물 같은 집중력을 갖고 있는 것은 맞다. 하지만 수업시간 내내 단 한시도 딴생각을 하지 않고 계속해서 '강-강-강'의 강도로 집중력을 발휘할 수 있는 사람은 없다. 그 아이들도 수업시간에 다른 아이들과 마찬가지로 졸기도 하고 딴생각도 한다. 그렇지만 집중할 때는 무섭게 집중한다는 것이 다른 아이들과 다를 뿐이다. 최상위권 아이들은 집중력에 '강-약-강-약'의 봉우리가 있어서 조였다가 풀었다가를 할 수 있다. 그러려면 내가 필요로 하는 것을 좁혀둔 다음에 수업에 들어갈 필요가 있다. 내가 알고자 하는 것이 무엇인지 제대로 파악이 돼 있으면 그 부분이 나올 때는 졸다가도 눈이 번쩍 뜨인다. 최상위권의 집중력이 부럽다면, 내가 무엇을 수업시간에 알아내야 하는지를 파악한 후에 수업에 들어가면 된다.

Q 공부를 하긴 하는데, 뭔가 후련한 기분이 들지 않아요. 공부가 실력으로 붙는 느낌이 안 들 때는 어떻게 해야 하죠?

A 자전거를 타는데 앞으로 안 나가고 헛바퀴가 도는 느낌이라면 잠시 멈춰야 한다. 최상위권 아이들은 한 걸음 한 걸음 걸을 때마다 충만한 느낌을 얻으면서 나아간다. 계획을 다 지켰다, 공부를 '후련하게 끝냈다'라는 느낌을 받으려면, 분량을 채우되 질을 반드시 확

보해야 한다. 빨리 휴식을 취하려고 건성으로 빨리 끝내버리면 그건 제대로 한 것이 아니다. 계획을 완수하고도 찜찜함이 남는다.

내가 질을 충실하게 채웠는지 의심이 된다면, 내가 다 이해했는지 확인하고 싶다면, '그래, 답은 ~일 수밖에 없어'라는 문장에 이르렀는지를 살펴보면 된다. 예를 들어, 역사에서 새로운 나라가 건국될 때를 살펴보자. 중앙이 오랫동안 권력을 잡으면 썩는다. 그러면 지방에 있는 어떤 세력이 올라와서 중앙세력을 뒤집으면서 새 나라를 만들기도 한다. 그렇다면 여기서 '왜'를 물어보자. 왜 중앙이 오래 권력을 잡으면 썩을 수밖에 없을까? 그 답을 찾으려면 책을 찾아봐야 한다. 책에 '~일 수밖에 없는' 어떤 개념이 설명돼 있을 것이다. 그 부분을 내 것으로 만들어 소화해서 나의 말로 '~일 수밖에 없다'를 설명할 수 있다면 그때는 완벽하게 이해가 된 것, 질을 채운 공부를 수행한 것이라고 생각하면 된다.

Q 명문대생의 공통점을 한두 마디로 정의한다면 무엇일까요?

A 여러 가지 측면이 있지만, 동기부여 측면에 한정하면 이렇게 대답할 수 있다. 바로 '다시 돌아가도 그때만큼은 못 한다'이다. 이것이 바로 서울대생을 비롯한 수많은 명문대생의 공통점이다. 많은 사람이 명문대에 가려면 얼마나 노력을 해야 하느냐고 묻는데 이는 그에 대한 명확한 대답이기도 하다. 몇 시간을 공부하고 얼마나 많은 문제집을 풀었고 하는 식의 자료는 많다. 그렇지만 그 모든 것에서 느껴지는 본질적인 한마디는 바로 '다시 그때로 돌아가도 그때만큼은 못 할 것 같다'이다.

대부분의 인간은 과거를 후회할 수밖에 없다. 그래서 과거로 돌아간다면 더 잘할 수 있으리라고 생각한다. 그런데도 어떤 인간이 감히 과거로 돌아가도 더 열심히 할 수 없을 만큼 최선을 다했다고 말한다면 그것은 정말로 노력을 한 것이다. 자신의 어제를, 지난달을 떠올려봐라. 대부분은 더 열심히 공부할걸 하는 후회가 떠오를 것이다. 이제 지나간 것은 지나간 대로 흘려버리고 오늘부터라도 다시 이렇게 자세를 잡기 바란다. 내일 오늘을 되돌아봤을 때 '어제로 다시 돌아가도 그만큼 못 할 것 같아'라는 생각이 들도록 노력해보기 바란다. 졸업식 날 '나는 다시 돌아가도 더 열심히 더 잘할 수는 없을 거야'라는 생각이 들게 공부하겠다는 목표를 세워보기 바란다. 그렇게 후회 없는 하루하루를 보낸다면 명문대 간판은 저절로 따라온다. 혹시 명문대에 가지 못한다고 해도 누구도 깨뜨릴 수 없는 자신에 대한 자신감만큼은 확실하게 생길 것이다.

Q 암기가 아니라 이해를 해야 한다는데, 선생님이 "이건 그냥 외워"라고 말씀하실 때는 찜찜해도 그냥 넘어가는 게 맞을까요?

A 선생님이 그렇게 말씀하셔도 일단은 "왜"를 물어봐야 한다. 하지만 "왜, 왜, 왜"를 파고들어도 한계는 있기 마련이다. 우리는 노벨상을 받으려고 공부하는 게 아니기 때문이다. 고등학교 교과과정에서는 찾을 수 없는 것, 그 수준을 넘어서는 것이 있다. 너무 완벽주의가 심해져서 대학과정까지 나아가면 선생님도 끝까지 대답을 해주기가 곤란하다. "왜 암기해야 하나요?"라고 물었을 때 "네가 지금

궁금해하는 것은 대학 가야 나오는 거니까 우리는 여기서 끊자"라고 대답하신다면 선생님 말처럼 그만 파고들고 외우는 게 맞다. 그 대답은 막무가내식 "입시는 암기야"라는 대답과는 다르다.

❓ 요즘은 동영상 시대인데, 여전히 '책으로 공부하기'가 유효할까요?

🅰 동영상과 책 중에서 어느 것이 이해에 좋냐고 묻는다면 단연 책이다. 온라인 강의를 듣느라 공부도 태플릿 PC로 하는 시대인데 책은 시대착오적인 학습 수단이 아니냐고 반문할지도 모르겠다. 요즘 애들은 동영상 세대라면서 말이다. 하지만 우리는 세대를 위한 공부가 아니라 시험을 위한 공부를 한다. 시험 매체에 맞춰서 그 매체로 공부하는 것이 맞다. 아무리 시대가 바뀌었어도 3D 입체 문제가 출제되지는 않는다. 목적에 맞는 도구가 최고의 도구다.

책이 정말 비효율적인가 하면 그렇지 않다. 동영상이 오히려 비효율적이다. 내가 원하는 답이 어디에서 나오는지 모르기 때문에 죄다 보고 있거나 스킵을 하며 힘들게 찾아야 한다. 책에서는 내가 원하는 것을 빨리 찾아볼 수 있기 때문에 속도 면에서도 더 낫다. 단, 물리 등의 과목은 '관찰'을 해야 하기 때문에 동영상의 도움을 받으면 더 쉽고 빠르게 개념을 이해할 수 있다. 주된 학습 도구는 책으로 하고, 동영상은 틈틈이 활용하는 것이 좋다.

Q 초등학교 때까지는 독서만 해도 남는 장사라는데 고등학생도 독서를 해야 하나요?

A 중학교 때까지는 다른 건 안 해도 독서만 하면 충분하다는 풍문이 있다. 어느 정도는 맞는 말이다. 독서를 해야 하는 이유는 독해력 때문이다. 고등학교 국어의 핵심은 잘 읽어내는 독해력에 있는데, 독해력은 훈련을 통해서만 쌓을 수 있다. 어렸을 때부터 책을 많이 읽으면 나도 모르게 독해력이 쌓인다. 정독을 하면 독해력은 절로 키워진다. 그리고 이 능력은 수학, 영어, 과학, 사회 등 모든 과목에 다 영향을 미친다.

그렇지만 안타깝게도 중3부터는 독서를 할 시간이 없다. 그때부터는 비문학/문학의 지문으로 독해력 훈련까지 다 해야 한다. 진도를 나가고 복습까지 다 해도 시간이 남는다면 그제야 취미와 훈련을 겸해서 독서를 할 수 있다.

중2때까지는 선행을 하지 말고 그 시간에 독서를 해라. 독서가 최고의 선행이다. 흔히 말하는 '양서'나 '고전'을 읽으라는 말이 아니다. 이때는 지식 습득을 위한 독서보다 독해력을 키우는 훈련이 더 중요하기 때문에 내가 좋아서 흥미로워서 읽는 것이 가장 좋다. 아이가 좋아하는 것을 읽히면 된다.

— 출처 : 유튜브 StudyCode

 **혼공코드, 누구나 막연함 없이 공부하는 방법**

지금까지 자기주도학습, 혼공 능력은 의지에 불타고 공부에 대한 동기부여가 확실한 아이들의 전유물처럼 여겨져왔다. 보통의 아이들은 당연히 학원에 가고, 부모의 관리를 받아야 공부할 수 있는 것으로 여겼다. 하지만 조남호 코치는 의지와 동기부여가 자기주도학습 능력의 전부가 아니라고 말한다. 그가 만난 수천 명의 서울대학교 학생들 중에서도 공부에 대한 의지가 활활 타올라서, 공부하는 게 너무 즐거워서 공부한 아이들은 별로 없었다. 그런데 어떻게 그 아이들은 그 지겹고 따분한 공부를 참아낼 수 있었을까? 이유는 하나였다. 공부를 열심히 하면 한 만큼 따박따박 성적으로 되돌아왔기 때문이다. 즉, 공부 자체가 재밌어서가 아니라 공부해서 얻는 성취감에서 재미를 얻었던 아이들이 결국에는 서울대학교에 진학한 것이다.

반대로 아무리 공부해도 성적이 오르지 않는다면, 공부에 흥미를 느낄 수 없다. 가뜩이나 재미없는 공부인데 노력한 대가마저 없으면 점점 더 공부가 하기 싫어진다. 그러다가 공부를 해보려고 마음을 다잡았다 해도 어떻게 해야 할지 막연하고 막막해서 지치기 십상이다. 그렇기에 공부법이 중요하다. 혼공에 있어 의지가 50이라면 나머지 50은 공부법이다. 그동안 아이들이 혼공을 할 수 없었던 이유는 50이 채워지지 않았기 때문이다. 대부분의 부모가 혼공을 못 하는 아이를 보며 "넌 의지가 없어"라고 단정하고 포기해버리지만 그건 잘못된 생각이다. 부모가 생각하는 것만큼 의지에 불타는 친구들은 별로 없다. 대부분은 '학생이니까 공부해야지' 정도로만 생각한다. 의지가 있다고 해도 뭐가 개념이고 뭐가 공식이고 무슨 학원을 가야 하고 무슨 문제집을 풀어야 하고 뭘 파고들어야 할지 모른다면, 막연해서 공부를 할 수가 없다. 그래서 멍하니 있으면 다들 의지가 없는 것 같다고 매도한다. "우리 애도 한때는 의지가 있었는데 왜 이렇게 됐는지 모르겠다"고 말하는 부모가 많은데, 그 아이들은 의지가 없는 게 아니라 뭘 해야 할지 모를 뿐이다.

　다른 사람의 공부법을 따라 한다고 해도 그건 그 사람만의 방법일 뿐, 나에게도 고스란히 적용되는 방법론은 찾기 어렵다. 그 사람의 성향, 특성, 수준, 생활패턴에 맞는 방법일 가능성이 크기 때문에 나에게 고스란히 적용하기 어렵다. 하지만 '혼공코드'는 개인에 따라 맞을 수도 있고 그렇지 않을 수도 있는 방법의 영역이 아니라 모두에게 통하는 절대적인 영역이다. 선택이 아니라 필수라는 뜻이다. 공부의 본질을 다루기 때문이다. 이번 장에서는 소수의 학부모를 위해 마련했던 조남호 코치의 시크릿 강연회 내용을 다뤘다. 여기서 말하는 혼공코드를 배우고 익히면 막연하기만 했던 공부가 구체적으로 손에 잡힐 것이다.

시크릿 코드 1.
공부는 '학'과 '습'이다

"아이가 학원에서 돌아오면 저녁 9시, 10시예요. 학교 끝나고 하루 종일 학원을 돌다 왔는데 집에서는 좀 쉬어야죠. 녹초가 돼서 집에 돌아온 아이한테 공부 좀 더하라는 말은 도저히 못하겠어요. 제가 너무 마음이 약한가요? 그래서 아이 성적이 안 나오는 걸까요?"

강남에서 아이를 키우고 있는 한 중학생 학부모의 말이다. 독한 엄마들은 학원에서 돌아오는 아이를 붙잡고 밤 늦게까지 공부를 더 시키기도 하지만 본인은 마음이 약해서 아이를 몰아붙이지 못하겠다며, 아이 성적이 안 나오는 원인을 자신의 탓으로 돌렸다. 많은 엄마가 이런 생각을 한다. 학원 시간을 뺄 수 없는 고정적인 사항으로 생각하면서 애먼 것을 탓한다. 과연 엄마가 더 몰아붙이지 않아서 이 아이의 성적이 오르지 않는 걸까? 이럴 때는 어떻게 해야 하는 걸까? 강연회 서두에서 조남호 코치는 이렇게 말했다.

"엄마들이 놓치고 있는 게 있습니다. 본질입니다. 그 모든 답은 '학습'이라는 두 글자 안에 들어 있습니다."

'학습'의 본질을 알면 어떻게 공부해야 하는지가 보인다는 것이다. 일단 '학습'이라는 단어부터 풀이해보자. 배울 학(學), 그리고 익힐 습(習). 배우고 익히는 것, 그것이 바로 학습의 진정한 의미다. 학교에서 수업을 듣고 학원에서 강의를 듣는 건 배움의 과정이다. 그리고 배우고 난 후에는 반드시 '습'의 과정을 거쳐야 한다. '습'의 과정이야말로 배움을 내 것으로 만드는 시간이다. '학'과 '습'이 합쳐져야 비로소 공부가 완성된다. 고로 학원을 열심히 다녔지만 혼자 공부하는 시간은 없었다면 그건 공부를 반만 한 것과도 같다. 그러니 성적도 반만 나올 수밖에 없다. 제아무리 뛰어난 족집게 강사의 강의라도 듣기만 해서는 의미가 없다. 그건 그 강사의 지식일 뿐이지 내 아이의 지식이 되지는 않는다. 그 지식을 내 것으로 만들기 위해서는 혼자 공부하는 시간을 반드시 확보해야 한다. 그것이 혼공이고 <u>혼공은 '습'의 영역이며, 공부에 있어 필수적이다.</u>

오래전 학력고사 시대나 초창기 수능시대에는 주입식 교육만으로도 성적을 올릴 수 있었다. 학원에서 떠 먹여주는 것만 잘 받아먹어도 성적이 올랐다. 그러나 이제 주입식 교육만으로는 한계가 있다. 달달 외워서 지식을 머릿속에 넣는 것만으로는 부족하다. 학력고사 시대에는 '이것만 외워, 내가 암기 공식 딱 정리해줄게' 하는 선생님이 인기 있었고, 그분들이 만들어준 '태종태세문단세' 같은 것만 외우면 됐다. 좋은 수업을 열심히 들으면, 족집게 강사의 수업을 들으면 그걸로 끝내도 되는 시절이었다. 학원이 공부의 전부여도

조남호 코치의 시크릿 강연회

괜찮은 시절이었다. 하지만 지금은 다르다. 현대 수능에서는 '습'의 비중이 더 올라간다. '학'과 '습'의 비중이 5:5가 아니라 3:7까지도 올라간다는 이야기다.

수능은 '수학능력평가'의 줄임말이다. 즉, 수능은 아이가 대학에 와서 공부를 제대로 할 수 있는 능력이 되는지를 판단하겠다는 출제 의도를 가지고 있다. 최근 들어서 교과서 외 지문이 수능시험에 대거 등장하는 이유도 이 때문이다. '능력'을 평가하려면 생전 처음 보는 문제에도 아는 것을 적용할 수 있는지를 살펴야 하기 때문이다. 암기만 해서는 결코 좋은 점수를 받을 수 없는 이유다. 수능에도 물론 암기가 통하는 문제가 있다. 하지만 그것만으로는 아무리 열심히 해도 3등급, 4등급까지가 한계다. 대학 전공 공부를 하는 데 있어서 '암기 능력'은 중요하지 않다. 생전 처음 보는 책과 논문을 뒤지고 이것을 읽어서 이해하고 추론하는 능력이 더 중요하다. 그것이 대학 공부고, 그 대학 공부를 '얼마나 따라갈 수 있느냐'를 가늠하는 시험이 바로 수능이다. 결국 족집게 강사가 알려주는 것만 쏙쏙 외워서는 점수를 잘 받을 수 없다. 혼자 공부하며 배운 지식을 스스로 이해하고 내 것으로 만들어야 난도 높은 문제를 풀 수 있다. '습'의 비중이 올라갈 수밖에 없는 이유다.

학원만 다닌다고 해서 성적이 나오는 시대는 끝났다. 학원만 다니다가는 오히려 성적이 떨어진다. 학원 스케줄에 치여서 혼자 공부할 시간이 부족해지기 때문이다. 배운 것을 내 것으로 만들지 못하면 아무리 좋은 강의를 듣고 좋은 학원에 다녀도 수능에서 절대 좋은 성적을 내지 못한다. 공부는 '학'과 '습'으로 이뤄지기에 반드시 둘의 균형을 이뤄야 한다. 모두가 지켜야 할 공부의 절대 원칙이자 시크릿 코드의 대전제는 바로 '혼공'이다.

시크릿 코드 2.
암기가 아니라 이해다

부모들은 암기 코드를 습득하고 있다. 부모 세대 때는 암기를 해야 명문대에 갈 수 있었기 때문에 의식 속에 어쩔 수 없이 '암기=공부'라는 공식이 자리를 잡고 있는 것이다. 그래서 이 공식을 아이에게 무의식적으로 전수하려 한다. 모든 비극은 여기서부터 시작된다. 밑바닥에 암기를 깔고 공부하면 아이는 멍해질 수밖에 없고 심지어 의지에 불타서 공부해도 성적이 잘 나오지 않는다. 이제 암기의 자리를 '이해'로 대체해야 한다.

그렇다면 이해를 중심에 둔 학습이란 과연 무엇일까? 이해를 하려면 일단 '왜?'라는 의구심이 생겨야 한다. 스스로 질문을 던지고 답을 찾는 과정을 거쳐야 한다. 그 답을 찾아나가는 과정에서 암기가 아닌 이해가 이뤄진다. 그렇기 때문에 조남호 코치는 'Why 학습법'을 강조한다.

예를 들어, 교과서 27쪽을 공부한다면 거기 있는 모든 것에 "왜?"라는 질문을 던지는 식이다. 수학 교과서에 공식이 나오면 '이 공식을 수학자들은 왜 만들었을까?' 질문을 던지는 것이다. 그리고 그 답을 찾아나가야 한다. 답을 찾을 수 없고 납득이 안 된다면 찾을 때까지 공부를 멈추지 않는 것이 'Why 학습법'이다. 답을 찾기 위해서는 다른 참고서를 봐도 되고, 학원을 다녀도 된다. 스스로 질문을 던지고 답을 찾아가는 과정에서 공부는 자연스레 암기가 아닌 이해 쪽으로 이동한다. 지금껏 막히면 그냥 외우고 넘어갔다면 이제는 '왜 그럴까' 의문점을 갖고 답을 스스로 찾아나가야 한다.

> **why 학습법 3단계**
> 1. 교과서에 나온 모든 내용에 why라는 질문을 던지고 답을 찾는다.
> 2. 수업과 인강, 교재, 유튜브, 포털사이트 등 다양한 도구를 동원해서 why에 대한 답을 찾는다.
> 3. why에 대한 답을 모두 찾은 후에는 이해했는지 확인하기 위해 본인 입으로 다시 한번 설명해본다. 엄마나 친구 앞에서 설명해도 좋다.

무작정 따라 하거나 외우는 것이 아니라 학습 내용에 궁금증을 가지고 질문을 통해 이해하고 배우는 공부법이 바로 why 학습법이다. 그리고 이해한 것을 친구나 부모 앞에서 설명하면 개념과 원리가 온전히 내 것으로 소화된다. 이처럼 질문을 해결해나가고, 자신의 지식을 확인하는 과정 속에서 자연스럽게 자기주도학습이 이뤄진다. 이처럼 why 학습법은 자기주도학습을 절로 불러일으킨다.

이해가 아닌 단순한 주입식 교육에서는 굳이 '왜'라는 의문을 품을 필요가 없다. 혼자 고민해서 답을 찾은 지식은 오래도록 기억에 남지만, 거저 얻은 지식은 쉽게 잊히기 마련이다. 더구나 누군가 지식을 떠 먹여주는 데 익숙해지기 때문에 자기주도학습과 점점 더 멀어지게 된다. 이해를 기반으로 한 why 학습법은 아이를 멍하게 만들지 않는 자기주도학습의 핵심이다.

✏️ Why 학습법의 기적 같은 효과

독일의 심리학자 헤르만 에빙하우스는 인간의 기억이 어떻게 변화하고 잊히는지를 연구해서 이를 그래프로 나타냈다. 앞서도 이야기했던 일명 '에빙하우스의 망각곡선'이다.

이 이론에 따르면 처음 정보를 입력했을 때를 100이라고 한다면 20분 후면 그중 58%만 남고, 한 시간이 지나면 44%만 남으며, 하루가 지나면 33%만 남는다고 한다. 그렇기 때문에 공부한 내용을 오래도록 기억하려면 반복학습을 해야 한다. 반복에 반복을 거듭해야 모든 것을 기억할 수 있기 때문이다. 이렇게 되면 공부는 노동이 돼버리고 만다.

하지만 '왜'를 묻고 이해하는 학습법은 이와 다르다. 한번 이해하

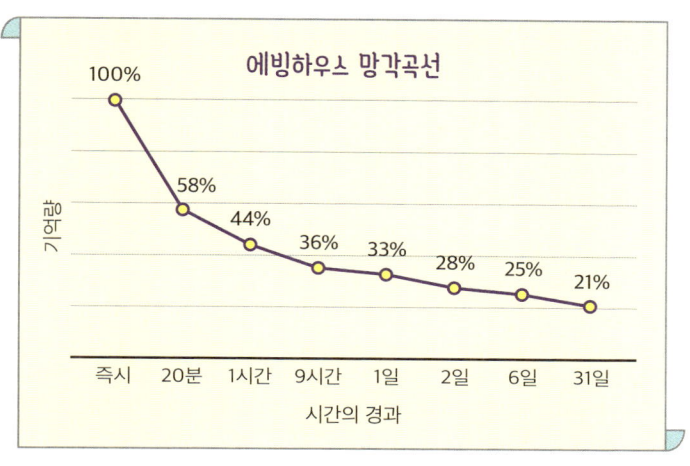

면 쉽게 잊히지 않는다. 이해의 효과를 알기 때문에 서울대학교 학생들은 'why'에 광적으로 집착한다. 심지어 어떤 아이들은 '미적분'이라는 이름에까지 '왜'를 묻는다.

"우리는 수학 공부를 하면서 빨리 공식을 외우고 문제를 풀려고 하잖아요. 그런데 서울대학교 학생들은 한자를 찾고 있어요. 왜 미적분이라고 이름을 붙였을까, 하는 거죠. 작을 미, 쌓을 적, 나눌 분! 그래서 미적분. 왜 이것을 이해하려고 하는 걸까요? 그 한자만 이해해도 미적분의 개념을 상당 부분 이해할 수 있기 때문입니다."

물론 개념과 원리를 이해하려면 시간이 걸린다. 암기하면 10분이면 휙 넘길 수 있는 페이지를 한 시간씩 붙잡고 있어야 할 수도 있다. 하지만 한번 이해하면 영원히 잊히지 않는 반면, 암기를 하면 예닐곱 번을 반복해야만 지식을 머릿속에 완전히 넣을 수 있다. 그뿐만이 아니다. 이해 학습에 익숙해지면 처음에는 한 시간이 걸렸지만 점차 50분, 40분으로 그리고 20분, 10분으로 공부에 드는 시간이 줄어들기 시작한다. 그러면 공부의 효율성이 기하급수적으로 높아진다.

흔히 우리가 천재라고 칭하는 전교 1등은 눈이 마치 사진기인 것처럼, 찰칵찰칵 한 번 보고 다 외웠다고 한다. 그런데 이 학생들이 천재적인 암기력을 타고났다는 생각은 착각이자 오해다. 그들은 끊임없이 '왜'를 탐구해서 원리를 이해한 것이다. 한 번에 이해되고 뇌에서 정리가 되면 그 지식은 반영구적으로 지속된다. 'Why 학습법'을 처음 시작하면 너무 오랜 시간이 걸려 짜증이 날 수 있지만 그 순간을 참아내야 한다. 그러면 공부의 속도는 점점 더 빨라진다.

처음에는 느리지만 점점 더 빨라지는
why 학습법의 원리

교과서에 전화번호 두 개가 있다. 하나는 2482고, 다른 하나는 6217이다. 이 번호를 외워야 한다고 해보자. 참고로 그 전화번호는 이삿짐센터의 전화번호다. 여기에 why를 붙여보자. 이삿짐센터 사장은 왜 전화번호를 2482로 정했을까? 이사를 빨리 하자는 발음의 연상효과를 이용하기 위해서다. '왜'를 묻고 나서 답을 찾았다. 이것이 바로 이해의 원리다. 이해하고 나니 2482는 금방 다 외워진다.

두 번째 번호는 어떨까? 이삿짐센터 사장은 왜 자기네 번호를 6217로 정했을까? 그 이유가 뭘까? 이건 답을 못 하는 게 당연하다. 이 안에는 원리가 없고, 그냥 랜덤하게 받은 번호이기 때문이다. 이런 것은 이해할 수가 없으니 그냥 암기하는 수밖에 없다. 그렇지만 이와 달리 우리가 공부하는 영역에서는 why를 파고들면 모두 답이 나오고 이해할 수 있다.

지금 이 이야기를 들은 사람은 15년 후에 길을 걷다가 뜬금없이 "그때 책에서 본 이삿짐센터 전화번호가 뭐였죠?"라는 질문을 받으면 황당한 표정을 지으면서도 반사적으로 2482라는 답이 튀어나올 것이다. 세월이 많이 지났어도 여전히 기억하고 있기 때문이다. 하지만 또 다른 번호 6217은 벌써부터 기억에서 가물가물하다. 이것이 암기와 이해의 차이다.

시크릿 코드 3.
과목별 why 학습법

why 학습법은 암기를 이해로 바꿔주는 학습법이다. 그리고 지금까지 이 공부법이 왜 중요하고 효과적인지에 대해서는 충분히 설명했다. 그렇다면 이 공부법을 실전에 어떻게 적용해야 할까? 과목별로 적용할 수 있는 정도와 방법이 다 다르지 않을까? 맞는 말이다. 특히 개념이라기보다는 '능력'의 영역에 가까운 국어와 영어에서는 why 학습의 범주가 그리 넓지 않고, 수학과 과학, 사회는 집중적으로 '왜'를 묻고 끈질기게 파고들어야 하는 과목이다. 과목별 특성에 따라 이 공부법을 어떻게 적용해야 하는지 알아보자.

1 국어는 독해력이다

학력고사 시대에는 시험범위가 딱 정해져 있었다. 그 안에서 품사도 나오고 국문법도 나오고 지문도 나왔다. 그렇기 때문에 범위 안

> ### 국어 공부는 이렇게
>
> **1. 독해 근육을 길러라**
> 국어는 개념 공부보다 독해력 훈련이 90%를 차지한다. 그렇기 때문에 한 번도 보지 않은 지문을 계속 읽는 훈련을 해서 독해 근육을 기르는 것이 최선의 학습법이다.
>
> **2. 조바심을 내지 않고 꾸준히 한다**
> 독해력은 근육을 키우는 것과 마찬가지이기 때문에 하루 이틀 지문을 많이 읽는다고 해서 실력 향상이 눈에 두드러지게 보이지 않는다. 공부하는 만큼 정비례해서 쌓이는 게 아니라 계단식으로 성장한다. 그렇기에 조금 하고 실력이 늘지 않는다고 조바심을 내거나 좌절할 필요 없다. 3개월, 6개월을 꾸준히 하면 자라난 실력이 보인다.
>
> **3. 어떤 부분을 잘못 읽었는지 찾아낸다**
> 국어 문제는 대부분 지문 안에 답이 있다. 답을 틀린 이유는 지문의 어떤 부분을 잘못 읽었기 때문이다. 그렇기에 'why'를 물으며 본인이 잘못 이해하거나 잘못 읽어낸 부분을 찾아내야 한다.

에 있는 내용과 지문을 완벽하게 외우면 좋은 성적을 거둘 수 있었다. 하지만 수능 국어는 다르다. 시험범위 밖에 있는 지문에서 많은 문제가 출제된다. 난생처음 보는 지문에서 시험을 내고, 이것을 잘 읽어낼 수 있는지 그 '능력'을 평가하는 것이다. 즉, 수능 국어의 핵심은 독해력이다. 아무리 좋은 학원을 다니고 일타강사를 붙여도 독해력은 해결해줄 수 없다. 어려서부터 책을 많이 읽고 평소에 수많은 지문을 읽어서 스스로 독해력을 튼튼히 키워나가는 수밖에 없다.

2 영어는 해석력이다

영어는 국어와 크게 다르지 않다. 중학교 때까지는 문법 위주의 시험 문제가 출제되지만 고등학교에 들어가면 문법에 관한 문제는 시험에 거의 나오지 않고, 독해력을 요구하는 문제가 대부분이다. 그렇기 때문에 영문을 제대로 해석하는 능력이 있는지를 알아보기 위해 생전 처음 보는 지문이 출제된다. 어디서도 보지 못한 지문이 나올 테니, 어휘를 많이 외워서 해석력을 키워야 한다고 생각할 수 있는데 어휘의 수준은 정해져 있다. 수능 수준을 넘어서는 단어가 지문에 나온다면 수능에서도 그 단어의 뜻은 문제에 제시해준다. 그렇기 때문에 쓸데없이 수능 수준을 넘어서는 어휘까지 외우려고 시간을 낭비할 필요가 없다. 설사 모르는 단어가 있더라도 독해력이 있다면 문장 전체의 맥락을 통해 그 어휘의 뜻을 유추할 수 있고 지문의 내용을 이해할 수 있다.

영어 공부는 이렇게

1. 어휘/어법은 개념으로 접근하지 않는다

영어는 국어와 마찬가지로 개념의 영역보다 능력의 영역으로 보는 것이 옳다. 어휘와 어법은 개념처럼 보이기는 하지만 고등학교 수준에서 '왜'를 물으며 파고들 만한 부분은 많지 않다. 어휘와 어법은 개념처럼 잘근잘근 씹어가며 공부하지 않아도 된다. 그러면 오히려 시간이 낭비된다.

2. 수능 수준에서 어휘와 어법을 공부해라

고등학교 수준의 어휘 책을 한 권 다 외웠다면, 어휘 공부는 그걸로 끝이다. 그 수준을 넘어서는 학원 공부를 따라가는 것은 시간 낭비다. 어휘를 수능 수준에서 심플하게 다루고 있는 교재를 선택해서 공부하면 된다.

3. 해석력을 키워라

국어 공부와 마찬가지로 영어에서도 새로운 지문을 읽어낼 수 있는 능력이 가장 중요하다. 고등학교 영어에서는 문장과 지문이 메인이다. 어법과 어휘를 공부하는 이유도 해석하고 독해해내기 위해서다. 어법과 어휘를 70% 정도 공부했다고 생각된다면 그다음은 많이 읽고 해석하는 훈련을 해야 한다. 나머지 30%의 어법과 어휘는 지문을 해석하는 과정에서 익히면 된다.

3. 수학은 활용력이다

 부모들은 흔히 아이들에게 '수학은 문제를 많이 푸는 게 정답이다'라고 말한다. 하지만 문제만 많이 푼다고 해서 과연 수능에서 좋은 점수를 얻을 수 있을까? 그렇지 않다. 아무리 기출문제를 많이 풀어도 매년 수능시험에는 새로운 유형이 쏟아져 나온다. 국어나 영어도 그렇지만 수학은 문제 유형이 특히나 많이 변형된다. 그렇기에 교과서나 참고서에서도 본 적 없는 새로운 유형을 풀 수 있느냐 없느냐가 수학 1등급을 결정짓는다. 수능 수학에서 좋은 성적을 얻으려면 공식만 외워서는 안 된다. 공식을 달달 외웠는데도 낯선 문제 앞에서 무력해지는 이유는 공식 따로 문제 따로 공부했기 때문이다. 먼저 개념을 이해하고, 공식이 어떤 문제에 어떻게 쓰일지를 고민하면서 공부해야 한다.

 아무리 새로운 유형이 출제된다고 해도, 그 개념은 교과서에서 벗어나지 않는다. 그렇기에 방정식이면 방정식, 함수면 함수 등 개념을 명확히 이해하고, 이 도구를 문제에 적용해 활용할 수 있어야 한다. 망치도 있고 드라이버도 있는 도구함이 있다고 해보자. 이 도구함을 잘 쓰는 방법은 뭘까? '못이 나오면 무조건 망치야' 하는 접근은 유형을 암기하는 것이다. 수학으로 치면 '이 문제가 나오면 무조건 근의 공식을 대입하면 돼'라는 식이다. 학력고사 세대의 문제다. 하지만 이제는 문제 유형을 외울 수 없다. 왜냐하면 어마어마하게 많은 양의 새로운 유형이 쏟아져 나오기 때문이다. 그렇기 때문에 유형을 암기하는 게 아니라 도구를 이해해서 유형에 적용해야 한다. '망치라는 게 뭘까? 왜 망치를 만들었을까? 어떤 때 망치를 사용

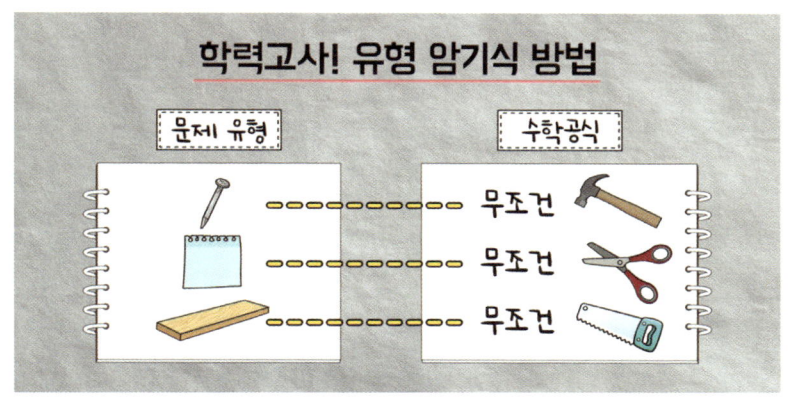

학력고사와 수능시험의 차이

하지?'를 끝까지 묻고 이해하면 제대로 활용할 수 있다. 망치로는 못을 박을 수도 있지만 수박을 깰 수도 있다. 수학 응용력이 좋은 친구들은 처음 보는 유형이더라도 그 자리에서 '이건 방정식을 쓰면 될 것 같아'라고 바로 알아채고 적용해낸다.

개념을 이해했다면 그다음에는 활용하고 리뷰를 해봐야 한다.

'망치를 써서 수박을 깼는데, 너무 부서져버렸네. 이러면 수박을 먹을 수 없잖아'라는 식으로 잘못 활용했다면 돌아보고 수정하면서 활용력을 키워야 한다. '방정식으로 이 문제를 풀었는데 안 풀리네, 그러면 함수로 해볼까?' 하면서 이해하고 써보는 과정을 반복하면서 활용력을 기르는 것이다.

수학 공부는 이렇게

1. 개념은 가져다 쓸 수 있도록 공부한다
수학은 '도구로서의 학문'이다. 그렇기에 개념 자체를 이해하는 것은 수학 공부의 끝이 아니라 시작이다. 그 개념을 적재적소에 가져다 쓸 수 있어야 공부를 다 했다고 말할 수 있다. 개념서를 보며 '2차 함수'를 이해했다면, 그다음은 '어떤 문제에 가져다 쓸 수 있나?'를 생각하면서 개념을 다지며 앞으로 나아가야 한다.

2. 틀린 문제를 두고 'why'를 묻는다
개념을 충분히 이해하고 어디에 활용해야 할지도 알았다고 생각했는데 문제를 풀어봤더니 틀렸다면, 그 문제를 두고 '나는 왜 이 공식을 이 문제에 가져다 썼는지, 공식을 제대로 적용했는지' 의문을 품을 줄 알아야 한다. 틀린 이유에 대한 대답을 찾아가다 보면 공식을 적용하는 방법이 눈에 보인다.

4 과학과 사회는 암기력이다

과학, 사회는 비교적 암기가 필요한 과목이다. 공부란 암기가 아니라 이해라고 해놓고 모순된 이야기를 하니 혼란스러울지도 모르겠다. 하지만 여기서 말하는 암기란 '이해를 바탕으로 한 암기'를 의미한다.

이 두 과목은 양이 너무나 방대하다는 것이 가장 큰 걸림돌이다. 고등학교 3년 동안 배운 모든 내용이 시험에 출제된다. 수능뿐 아니라 내신에서도 마찬가지다. 예를 들어 교과서 150페이지 분량이 시험범위라고 해보자. 제아무리 똑똑해도 150페이지의 내용을 한꺼번에 전부 다 외울 수 있는 아이는 없다. 30페이지를 넘어서는 순간 앞에서부터 한 장씩 지워지기 시작한다. 그런데도 공부를 잘하는 학생들은 희한하게도 150페이지 분량의 시험범위를 완벽하게 소화해낸다. 그러면 그 아이와 나를 비교하면서 '쟤는 천재구나, 나는 저렇게 못 외우니까 그냥 포기해야겠다' 하고 공부를 그만둬버릴 수도 있다. 하지만 그 아이는 천재가 아니다. 암기하는 방법을 알아서이고, 그 방법의 비밀은 '이해'에 있다. 한번 이해하면 쉽게 잊히지 않는다. 그리고 이해가 안 되는 부분만 골라서 외우기 때문에 방대한 분량의 시험범위도 소화해낼 수 있는 것이다.

과학과 사회 공부는 이렇게

1. 암기하되 이해를 바탕으로 한다

교과서에 나온 내용을 무조건 머릿속에 구겨 넣어서는 안 된다. 예를 들어 과학 교과서에 중추신경과 말초신경이 등장했다면 '왜 중추신경과 말초신경으로 나뉠까?' 하는 의문을 품어야 한다. 그에 대한 답으로 '하는 일이 다르기 때문'이라는 답을 찾았다면 '그렇다면 어떻게 하는 일이 다른가? 왜 중추신경, 말초신경이라고 부르는가?' 하고 하나하나 의문을 제기하며 답을 찾아나가며 이해해야 한다. 이해는 암기의 반대말이 아니라, 최고의 암기 파트너다.

2. '복습≠암기', '복습=이해'다

과학과 사회뿐만 아니라 모든 과목을 그날그날 복습할 때는 '복습=이해'라는 관점으로 공부해야 한다. 복습은 이해. 이해를 하면 내가 가지고 있는 기존 지식과 새로운 지식이 연결되고, 그러면 반자동적으로 영원히 기억에 남는다.

3. 이해가 안 되는 부분만 암기한다

수업과 복습으로 70~80% 정도를 이해해도, 나머지 도저히 이해가 안 되는 20~30% 정도가 남을 수 있다. 과목마다 정말로 무작정 외워야 하는 부분이 있기는 하기에, 이 부분만 시험기간에 돌입해서 외우면 된다.

시크릿 코드 4.
공부를 내 것으로 만드는 마법의 3시간

수능에서는 '학'보다 '습', 즉 혼공이 중요하고 또 갈수록 중요해진다는데, 그렇다면 하루에 어느 정도 비중으로 혼공을 해야 할까?

흔히들 자기주도학습으로 명문대에 진학했다고 하면 학원도 과외도 없이 오로지 혼자 공부했다고 생각하지만, 현실은 그렇지 않다. 조남호 코치가 수천 명의 서울대학교 학생을 만나 일대일 심층 면접을 진행한 결과에 따르면 서울대생 대부분도 학원에 다녔다. 다른 점이 있다면 학원 시간을 스스로 '제한'했다는 것이다. 왜 그랬을까? 바로 혼자 공부하는 시간을 확보하기 위해서였다. 면접을 진행한 서울대학교 합격생들은 하루 세 시간은 순수하게 혼자 공부한다는 공통적인 법칙을 실천하고 있었다.

"혼자 공부할 시간이 하루 세 시간은 돼야 한다는 게 서울대생의 공통된 의견이었습니다. 그런데 일주일에 학원을 두 개 이상 다니면 하루 세 시간을 공부할 수 있을까요? 학원 스케줄과 학원 숙제에 쫓겨서 혼자 공부할 시간이 부족해집니다. 이게 바로 서울대생들이 학원을 많이 다닐 수 없었던 이유입니다."

최소한 하루 세 시간은 혼공에 투자해야 비로소 수업시간에 배운 내용이 내 것으로 완전히 소화된다. 그래서 조남호 코치는 하루 세 시간을 '매직 아워'라고 부른다. 시험기간이나 방학 때를 말하는 게 아니다. 평소 학기 중에 학교를 다니면서 학원과 인강을 제외하고 혼자서 공부하는 시간이 최소 세 시간은 돼야 원하는 성적을 얻을 수 있다. 공부 잘하는 아이들은 이 원리를 너무나 잘 알고 있기 때문에 혼공 시간 먼저 확보해둔 뒤에 학원 스케줄을 짠다.

공부 잘하는 철수를 예로 들어보자. 철수는 과학 학원에 다니고 있다. 그런데 사회 성적이 좀 아쉬워서 학원을 다니고 싶다는 생각에 학원을 알아보기 시작했다. 그런데 막상 사회 학원에 등록하려고 보니, 아무리 시간을 쪼개봐도 혼공 시간 세 시간이 나오질 않았다. 철수는 고민 끝에 과학 학원을 잠시 중단하고 사회 학원에 다니기로 결심했다. 혼공 시간 세 시간을 딱 정해놓고 남는 시간에 학원을 고르는 것, 이것이 바로 공부 잘하는 아이들의 패턴이다.

반면 우리 아이들은 어떤가? 공부를 하겠다고 단단히 마음먹고 나면 일단 학원부터 세팅하기 시작한다. 일주일을 내리 학원으로 도배하고 난 후 의욕적으로 공부하지만 성적은 제자리걸음, 그러면 부모들은 더 좋은 학원, 더 좋은 강사를 찾아 나선다. 하지만 이 학원,

저 학원 옮겨봐도 좀처럼 성적이 오르지 않는다. 그러면 아이도 부모도 '나는 공부 체질이 아니야', '우리 애는 공부할 머리가 아닌가 봐' 하면서 자책하거나 단정하면서 공부로부터 점점 더 멀어진다. 진짜 원인이 다른 곳에 있다는 생각은 하지도 않은 채 말이다. '학'은 있지만 '습'은 없었던 공부 패턴이야말로 학원을 열심히 다녀도 성적이 오르지 않는 진짜 이유다.

최상위권 아이들이 머리가 좋고 여유가 있으니까, 학원을 안 다녀도 될 정도로 뛰어나니까, 학원을 끊고 혼공을 한 게 아니라 혼공을 했기 때문에 최상위권이 된 것이다. 원인과 결과를 뒤바꿔 생각하면 안 된다. 학원이나 인강 때문에 혼자 해야 할 공부가 너무 밀리는 것 같다면 과감하게 다른 것을 줄이고 혼공 시간을 확보해야 한다. 이건 무모한 결정이 아니라 올바른 결정이다.

자, 이제부터라도 공부에 대한 기본 정의를 바로잡아보자. '학원에 간다=공부를 한다'라는 공식을 머릿속에서 깨끗하게 지우고 '학습=공부'라는 새로운 공식을 기억해야 한다. 그리고 '혼공 세 시간'이라는 매직 아워를 확보해야 한다. 그것이야말로 진짜 공부고, 진짜 공부를 해야만이 치열한 입시 경쟁에서 성공할 수 있다.

시크릿 코드 5.
죄책감 없는 휴식

혼자 공부를 하는 데 있어 공부법만큼이나 중요한 것이 또 있다. 바로 시간관리와 생활관리다. 시간관리와 생활관리의 중요성을 모르는 부모와 아이가 어디 있을까? 그럼에도 많은 아이가 시간과 생활을 관리하지 못해서 무너진다. 그럴 때마다 부모는 아이들에게 "넌 의지가 없다", "목표의식이 없다", "공부할 자세가 안 돼 있다"라고 매도한다. 하지만 조남호 코치는 이 또한 의지의 문제가 아니라 무지의 문제라고 말한다. 생각해보면 부모조차 어떻게 생활을 관리하고 시간을 관리해야 하는지를 배워본 적이 없다. 그저 '성실해야 한다', '시간을 쪼개서 잘 써야 공부를 잘할 수 있다' 정도의 두루뭉술한 이야기만 들어왔을 뿐, 시간관리를 어떻게 해야 하고 공부 계획은 어떻게 세워야 하는지 그 방법을 구체적으로 배워본 적은 없다.

조남호 코치는 시크릿 강연회에서 몇 년 전 이과에서 전국 수석을 차지한 한 여학생의 일화를 들려줬다. 일반고에 다녔던 그 아이는 고1 때까지는 평범한 학생이었다고 한다. 그런데 고2 때부터 갑자기 성적이 오르기 시작하더니 마지막에는 전국 수석까지 차지했다. 조남호 코치는 그 학생에게 물었다. 도대체 어떻게 그렇게 성적을 올릴 수 있었느냐고. 학생의 대답은 이랬다.

"1학년이 끝날 무렵 나의 공부를 되돌아봤어요. 그랬더니 성적이 안 나오는 원인을 알겠더라고요. 제 집중력이 문제였어요."

평범한 학생들과 마찬가지로 그 학생 역시 집중력이 가장 큰 문제였던 것이다. 그때부터 그 학생은 어떻게 하면 집중력이 오를지를 고민하기 시작했고, 그러던 중 평소보다 집중력이 두세 배 이상 올라가는 순간이 있다는 사실을 깨달았다. 바로 시험기간이었다. 물론 시험이 주는 긴장감 때문이기도 했지만 '시험범위'라는 절체절명의 미션이 주어졌기 때문에 그 시간만큼은 집중력을 발휘할 수밖에 없었다는 것이다. 그 학생은 그때부터 매일매일 시험범위가 정해진 것처럼 공부할 분량을 정하기 시작했다. 그날 계획한 분량을 모두 끝내는 게 매일의 미션이 된 것이다. 그런데 어느 날 정말 놀라운 경험을 하게 된다. 학교에서 자습시간이 늘어난 그날, 계획한 공부 분량이 일찌감치 끝나버린 것이다. 그때 그 학생의 머릿속에는 악마와 천사가 함께 찾아왔다. 공부 천사는 이렇게 말했다. '오늘 할 거 다 했다고 놀면 안 되지. 내일 걸 미리 해두면 좋잖아~.' 이번에는 공부 악마가 이렇게 이야기했다. '놀아! 내일은 내일의 태양이 떠오르는 법, 오늘 거 다 했잖아. 그러니까 그냥 놀아.' 훗날 전국 수석이 된 이 여학생은 무엇을 택했을까? 놀랍게도 악마의 손을 잡았다.

그날 그 학생은 홀가분한 마음으로 네 시간을 신나게 놀았다. 그리고 그다음 날부터 확연한 변화가 찾아왔다. 친구들이 놀고 떠드는 쉬는 시간에도 공부를 하기 시작한 것이다. 이유는 단 하나, 놀기 위해서였다. 해야 할 공부가 남았는데 노는 것과 해야 할 공부를 모두 끝내고 노는 것은 그 질이 다르다. 그 여학생은 그 둘의 차이를 명확히 알게 된 것이다.

이 여학생이 수능시험 전날까지 2년 동안 죽어라 공부하면서 버틴 비결이 뭘까? 비전, 의지가 아니고 놀기 위해 버틴 것이다. 이 여학생의 다이어리에는 빨간색과 파란색의 표시가 붙어 있었다. 빨간색은 그날 공부 계획을 못 끝내서 1분도 못 논 날. 파란색은 그날 공부 계획을 일찍 끝내서 한 시간에서 두 시간 논 날이었다. 빨간 딱지가 붙은 다음 날, 그 여학생은 이런 생각을 했다. '나 어제처럼 살기 싫어. 어제 숨도 못 쉬고 공부만 했어. 오늘은 기필코 빨리 끝내고 쉰다.' 이런 생각을 하면 집중력이 저절로 올라갈 수밖에 없다. 파란 딱지가 붙은 다음 날은 당연히 '어제 너무 좋았어. 오늘도 빨리 끝내고 놀아야지' 하는 생각이 들었다. 전국 수석 여학생은 이런 식으로 공부의 리듬을 잡은 것이다.

대부분의 부모는 공부를 하려면 의지가 가장 중요하다고 생각한다. 물론 공부에 대한 의지도 중요하다. 하지만 의지가 생기려면 동기부여가 돼야 한다. 동기를 불러일으키려면 어떻게 해야 할까? 흔히 말하는 '꿈과 비전'도 물론 필요하지만 그것만으로 아이는 움직이지 않는다. 손에 잘 잡히지도 않는 10년 후의 미래를 위해 밤을 새우고 유혹을 견뎌내는 아이는 거의 없다. '두 달 후에 시험을 잘 보면 핸드폰을 바꿔주겠다' 하는 식의 약속도 물론 동기부여가 될 수 있다. 하지만 이것만으로 매일매일 동기부여를 받을 수는 없다. 조남호 코치는 동기부여와 관련해서 일단 당근과 채찍 이론을 제대로 이해해야 한다고 말한다.

수험생들이 가장 갖고 싶은 게 뭘까? 거꾸로 뺏겼을 때 가장 채찍 같은 건 뭘까? 자, 먼저 수험생에게 가장 필요한 당근이 뭘지 생각해 보자. 아이들이 가장 바라는 건 새 핸드폰이 아니라 쉬는 것이다. 이 전쟁 같은 수험생활 속에서 숨 한번 쉬고 싶은 거다. 게임 한번 마음 놓고 하고 싶고, 아무 걱정 없이 영화 한 편 보고 싶은 거다. 그렇다고 아이들이 공부 안 하고 게임을 하면 행복할까? 그렇지 않다. 공부를 하긴 해야 하는데 게임을 하고 있으니 불안하고 불편하다. 공부를 해도 집중이 안 되고 게임을 해도 몰입이 안 되는 상황에 빠져버리는 것이다. 그런데 전국 수석 여학생은 이 모순을 활용하는 방법을 발견했다. 죄책감이 하나도 없는 완벽한 휴식을 말이다.

이 여학생뿐만 아니라 조남호 코치가 만난 수많은 서울대생이 이런 방식의 당근과 채찍으로 공부 집중력을 높이면서 스스로를 관리하고 있었다. '죄책감 없는 휴식'은 시간과 생활을 관리하는 혼공코드다.

✏️ 죄책감 없는 휴식 실행 방법

1 언제 공부하고 언제 놀아야 할까?

'쉴 땐 쉬고 공부할 때는 공부해라.' 부모가 아이에게 원하는 모범답안이다. 그런데 과연 언제가 쉴 때고 언제가 공부할 때일까? 쉴 때와 공부할 때를 구분하는 기준점이 없으면 공부도 휴식도 제대로 할 수 없다. 조남호 코치는 그 구분점을 이렇게 명쾌하게 제시한다.

"매일매일 공부 계획을 세우고 그날 계획이 다 끝났잖아요? 그럼 그때가 바로 쉴 때입니다. 만약 그날 계획이 안 끝났잖아요? 그러면 벌을 받듯이 공부해야 할 때입니다."

술에 술 탄 듯 물에 물 탄 듯 공부해서는 공부도, 노는 것도 어느 한쪽도 충족되지 않는다. 그날그날의 계획을 기준으로 잡고 공부할 때와 마음 편히 놀 수 있을 때를 구분하면 집중력이 비약적으로 높아지고, 공부 효율이 좋아진다.

2 계획은 어떻게 세워야 할까?

앞에서부터 강조했지만 분량 중심의 계획을 세워야 한다. 그래야 공부할 때는 공부하고 쉴 때는 쉬는 봉우리 모양의 집중력 그래프를 그릴 수 있다. 하루 24시간을 피자 조각 자르듯이 자르고, 8~9시에는 수학 인터넷 강의 듣기, 9~10시에는 영어 단어 외우기 하는 식으로 시간 계획을 세우는 방식에 우리는 익숙해져 있다. 아주 어릴 때부터 그렇게 해왔기 때문이다. 하지만 이런 방식의 계획으로는 집중력 봉우리를 절대 만들 수 없다.

"9시부터 12시까지 인강을 들어야 한다고 가정해봅시다. 뭐 하러 열심히 듣습니까. 어차피 12시까지는 무조건 인터넷 강의에 붙잡혀 있어야 되는데…. 공부 자세가 느슨해질 수밖에 없습니다. 인강 들으면서 오히려 12시가 오기만을 기다리게 돼죠. 시간이 지나면 휴식이 자동으로 찾아오니까요."

뿐만 아니라 시간 계획을 세우면 처음에는 의욕에 넘쳐도 하나씩 어긋나면 도미노처럼 모든 것이 무너지고 만다는 것이 가장 큰 문제다. 잘해보려다가도 계획이 틀어지기 시작하면 짜증이 나고 자책감이 몰려오고 결국에는 계획 따로 행동 따로 하면서 자포자기하게 된다. 시간이 아니라 분량으로 계획을 세워야 한다. 공부할 페이지를 정해서 구체적으로 계획을 세우는 것이 정답이다. 계획한 분량을 끝내야 휴식이 찾아오기 때문에, 빨리 끝낼수록 더 많은 휴식시간이 보장되는 셈이다. 당연히 동기부여가 잘 되고 집중력이 높아질 수밖에 없다.

3 분량 계획에 대처하는 엄마의 자세

아이가 오늘 계획한 공부 분량을 모두 끝마쳤다면, 아이에게 자유를 줘야 한다. 게임을 하든 영화를 보든 만화를 보든, 엄마는 일체 상관하지 말아야 한다. 아이가 공부를 끝내고 게임을 한다면 사과도 깎아주고 머리도 쓰다듬어주면서 칭찬해야 한다. 죄책감 없는 휴식을 극대화해주는 것이다. 그래야 아이의 공부 의욕을 불러일으킬 수 있다.

반면 아이가 그날의 계획을 끝내지 못했다면 게임을 허용해서도,

핸드폰을 쥐여줘서도 안 된다. 공부를 오래 해서 머리가 무거우니 잠시 쉬겠다며 핸드폰을 달라고 해도, 이를 절대 허용해서는 안 된다. 머리가 무거우면 무거운 대로 그냥 책상 앞에 앉아 있게 해야 한다. 스스로 세운 계획을 지키지 못하면 어떤 결과가 찾아오는지 분명하게 느껴봐야 하기 때문이다. 결국 아이는 공부 분량을 끝내느냐 마느냐에 따라 극강의 고통과 극강의 달콤함 사이를 왔다 갔다 해야 한다.

4 공부 분량은 어떻게 잡아야 하나?

계획은 국, 영, 수 같은 주요 과목을 위주로 세우는 것이 기본이다. 특히 영어와 수학에 가장 많은 시간을 투자해야 한다. 그렇다면 하루에 어느 정도의 분량을 공부하는 것이 적당할까? 이는 아이의 상황과 학습능력에 따라 달라진다. 처음 계획을 세울 때는 시행착오를 겪는 것이 당연하다. 만일 계획한 공부를 모두 끝낸 후 네 시간 이상을 놀 수 있었다면, 그건 분량을 너무 적게 잡은 것이다. 반면, 열심히 공부했는데도 30분도 놀지 못했다면 공부량을 너무 많이 잡은 것으로 판단할 수 있다. 쉬는 시간이 너무 부족하면 아이가 쉽게 지친다. 그럴 때는 계획한 분량을 줄여야 한다. 이렇게 매일매일 공부 분량을 늘였다 줄였다 하면서 자신에게 맞는 양을 찾아가야 한다. 이를 몇 번 반복하다 보면 적당한 휴식이 보장되도록, 집중력이 최고로 높아지도록, 스스로 분량을 조절해갈 수 있다.

혼공코드로 자기주도학습의 길을 열다

조남호 코치가 프로젝트에 참여한 세 아이에게 알려준 메시지는 단순하고 간결했다. 하나는 "넌 의지가 없지 않아. 방법을 몰라서 그럴 뿐이야"였고, 다른 하나는 "멍하니 있지 않게 해줄게. 앞으로 뭘 해야 하는지 알려줄게"였다. 이 두 가지 메시지만으로도 아이들은 드라마틱하게 바뀌기 시작했다. 마치 고등학생 시절의 조남호 코치가 그랬던 것처럼 말이다.

✏️ 분량 계획으로 유혹을 이겨내다

조남호 코치로부터 '죄책감 없는 휴식'이라는 솔루션을 처방받았던 정민이는 처음에는 약간의 시행착오도 겪었다. 분량 계획을 제대로

분량 중심 계획을 세우고 소요 시간을 체크하면서 공부량 조절

지키지 못하고 휴혹에 넘어간 적도 몇 번 있었다. 조남호 코치는 그때마다 엄마에게 지나친 비난을 자제하고, 오히려 아이를 더 믿어주고 격려해야 한다고 당부했다. 엄마의 믿음을 끝까지 배신하는 아이는 없기 때문이다.

정민이는 매일매일 과목별로 공부할 분량을 적고 계획을 마치기까지 걸리는 시간을 타이머로 측정하면서 차차 자신에게 맞는 분량을 찾아나갔다. 그뿐 아니라 거실에서는 공부하고, 자기 방에서는 책을 읽거나 유튜브를 보는 것으로 공간을 분리하다 보니 조금씩 유혹을 이겨내는 힘도 생겼다. 그 결과 학년이 올라간 후 치른 첫 시험에서도 만족할 만한 성적을 거뒀다. 영어는 96점, 과학은 100점, 국어는 97점, 역사는 93점, 수학은 100점, 전 과목을 올 A로 장식한 것이다.

물론 여전히 유혹에 대한 내적 갈등을 겪고 있다고 했다. 하지만

'해야 할 공부를 끝내면 죄책감 없는 휴식시간이 곧 찾아온다'는 생각을 하니 유혹을 견디기가 훨씬 쉬워졌다. 정민이의 여동생 정은이도 분량 계획을 세워 공부하기 시작했는데, 그렇게 두 아이가 혼공을 시작하면서부터 엄마의 잔소리도 줄어들기 시작했다. 예전에는 그날 해야 할 공부를 다 해도 게임이나 유튜브 보는 걸 허락하지 않고 주말 일정 시간에만 허용해줬는데 이제는 그날 목표한 공부가 끝나면 뭘 해도 별로 간섭을 하지 않는다. 예전에는 출근을 해서도 아이들의 공부 진도를 체크했다면 이제는 잔소리보다는 밥은 먹었는지 등의 생활을 더 챙기고 있다. 그러다 보니 집안 분위기까지 좋아졌다.

정민이는 엄마의 바람대로 예전의 모습을 되찾았을 뿐 아니라 공부에 대한 자신감과 자존감까지 높아졌다. 정민이를 가장 크게 변화시킨 것은 '죄책감 없는 휴식'이라는 혼공코드와 엄마의 신뢰와 지지였다. 아이는 엄마가 자신을 믿고 기다려줄 때에만 자신의 능력을 100% 발휘할 수 있다.

🖊 혼공을 넘어, 자신만의 공부법을 찾기 시작하다

학교에서는 모범생이었지만 온라인 수업에는 도통 집중하지 못했던 앤디. 그런데 암기가 아닌 이해 학습법을 권유받은 후에 앤디는 몰라볼 정도로 달라졌다. 특히나 계획성과 자립성 측면에서 큰 변화를 보였다면서 앤디 엄마는 만족감을 표현했다.

"조남호 코치님이 다녀간 다음 날부터 달라졌어요. 문이 살짝 열려 있어서 들여다봤더니 책상에 교재가 많이 펼쳐져 있는 거예요. 그전까지는 책상 위에 아무것도 없었거든요. 키보드하고 마우스 하나였는데, 이제 수업을 들으면서 이것저것 책을 찾아보는 거예요."

온라인 강의를 수동적으로 그냥 듣기만 하는 게 아니라 스스로 '왜?'라는 질문을 던지고 그 답을 적극적으로 찾기 시작하면서 수업 태도가 능동적으로 변화했고, 집중력도 한층 올라갔다고 한다. 앤디의 변화는 여기에서 그치지 않았다. 예전에는 학원에서 내준 숙제를 마지못해 해나갔다면, 이제는 예습을 하기 시작했다. 수업 전에 미리 무엇을 자기 것으로 만들어야 하는지 점검하고 그 답을 수업에서 찾고 있다고 했다.

무엇보다 앤디에게 가장 만족스러운 부분은 더 이상 공부가 노동처럼 느껴지지 않는다는 것이다. 예전에는 시험을 앞두고 책이나 교재를 통째로 외우곤 했었는데, '왜 그럴까? 왜 이게 답일까?'를 생각하면서 공부하다 보니 교과서의 맥락이 이해되기 시작했고, 굳이 암기를 하지 않아도 자연스럽게 머릿속에 내용이 남았다.

"이해를 하니까 자동으로 외워지더라고요. 굳이 암기를 하지 않아도요. 처음엔 시간이 걸리지만 계속하다 보니 오히려 암기보다 시간이 훨씬 덜 소요되는 것 같아요. 그리고 '왜'라는 질문을 던지고 그 답을 찾으면 그게 항상 제일 중요한 개념이더라고요."

암기 위주의 학습을 이해로 바꾼 이후 치른 첫 과학 시험에서 앤디는 100점을 받았다. 그 자신감을 토대로 'why 학습법'을 전 과목에 적용하기 시작했고, 급기야 자신만의 공부법을 찾아가는 수준에 이르렀다.

　수학은 먼저 개념서를 읽고 충분히 원리를 이해한 후 문제를 풀기 시작했고, 막히는 부분이 생기면 인터넷이나 인강을 뒤져 그 궁금증을 해결해나가고 있다. 사회나 과학, 윤리 같은 암기 위주의 과목 역시 마찬가지다. "일단 교과서를 이해될 때까지 계속 읽어봐요. 궁금한 게 해결되지 않으면 다른 자료도 찾아보고요. 그런 다음에 교과서를 덮고 제가 이해한 부분을 공책에 써보는 거죠." 이른바 '백지노트' 작성이다. 작성된 노트와 교과서를 대조해서 중요한 개념인데 빠진 부분이 있으면 그런 내용은 빨간펜으로 적어둔다. 여기서 끝이 아니다. 완성된 백지노트를 벽에 붙여두고 잠들기 전, 다시 한 번 읽어보는 것으로 공부를 마무리한다. "빨간 글씨로 써놓은 부분만 읽는다는 점, 그게 포인트예요. 검정색 글씨는 제가 완전히 이해를 한 것이지만, 빨간색 내용은 미처 이해하지 못한 부분이거든요. 그래서 그 부분을 자기 전에 다시 읽어봐요. 그렇게 하면 머릿속에 콕 박혀서 쉽게 잊히지 않더라고요."

　남이 시켜서 하는 공부가 아니라 혼공을 하다 보니 공부가 더 재미있어졌다는 앤디. 아들의 변화를 보며 엄마는 느끼는 게 많다고 했다.

　"우리 아이의 스펙, 정말 남부럽지 않았어요. 그런데 지금 생각해보니 그건 제 욕심이었던 것 같아요. 이번 일을 계기로 깨달았어요. 엄마의 역할은 아이를 앞에서 끌어주는 게 아니라 뒤에서 밀어주는 조력자여야 한다는 것을요."

🖍 집중력과 성취감을 발판으로 도약하다

제작진이 두 달 만에 세윤이네 집을 다시 찾았을 때, 세윤이는 방에서 혼자 공부를 하고 있고 엄마는 거실에서 유화를 그리고 있었다. 세윤이의 공부를 봐주기 시작하면서 잠시 잊고 있던 취미생활인데 세윤이가 혼공을 시작하면서부터 엄마는 다시 물감과 붓을 꺼내 들었다.

얼마 전까지만 해도 세윤이에게 매여 취미생활은 꿈도 꾸지 못했는데 요즘에는 그림을 그리고도 시간이 남아 운동을 시작해야 하나 행복한 고민 중이라고 했다.

엄마와 공부할 때 이해가 가장 잘 된다고 했던 세윤이는 이제 엄마로부터 완전히 독립했다. 처음에는 '과연 내가 혼자 해낼 수 있을까?'라는 의구심을 품었지만 매일매일 최소한의 분량과 명확한 목표를 정해 공부를 하다 보니 조금씩 혼공에 익숙해지기 시작했다고 한다. 처음에 조남호 코치가 제안한 분량은 하루에 '수학 개념서 두 페이지, 영어 인강 하나, 영어 단어 열두 개 암기'가 전부였다. 분량은 적었지만 제대로 개념을 이해해야 한다는 게 쉽지만은 않았다. 수학 개념서 두 페이지를 붙잡고 몇 시간씩 씨름을 하기도 했다. 예전이라면 모르는 문제가 나올 때마다 엄마를 찾았겠지만, 이제는 엄마 대신 인강과 유튜브가 세윤이의 공부 파트너가 됐다. 자신의 필요를 스스로 찾아서 충족시킬 수 있게 된 것이다. 그러다 보니 집중력도 올라가고 공부 속도도 붙기 시작했다. 그러면서 세윤이는 스스로 공부 분량을 조금씩 늘리기 시작했다. 지난 기말고사를 앞두고는

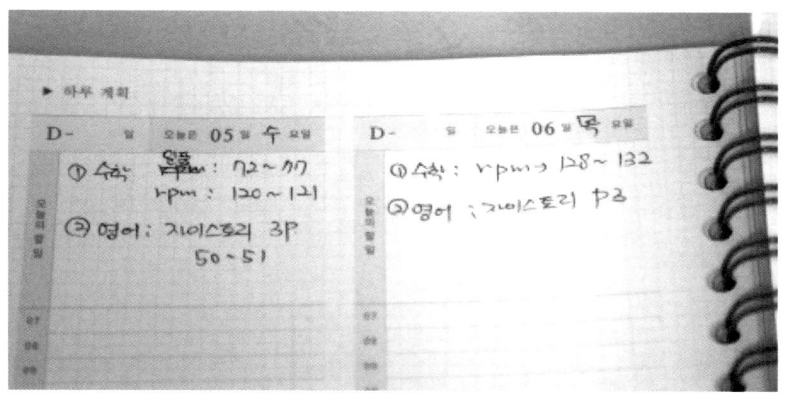

공부 분량이 늘어난 세윤이의 계획표

시험 스케줄에 맞춰 분량 계획을 세우고 공부를 했는데, 예상보다 훨씬 좋은 성적을 거뒀다. 국어와 영어는 모두 90점을 넘겼고 수학도 88점, 다른 과목도 20점 가까이 성적이 뛰어올랐다.

하루 종일 엄마와 함께 예습, 복습을 거듭하고 망부석처럼 책상 앞에 앉아 있어도 성적이 오르지 않았기에 세윤이는 혼공을 더욱 두려워했었다. 그런데 그 두려움을 깨고 홀로 서자 성취감과 자신감이 찾아왔다. 공부에 대한 욕심이 생기기 시작했고 대학과 미래에 대한 목표도 확실해졌다. 혼공이 세윤이의 성적뿐 아니라 내면까지 바꾼 것이다.

혼공은 단지 성적을 올리는 기술이 아니다. 스스로 공부할 수 있다는 자신감, 공부에 대한 흥미, 그리고 혼자서 해냈다는 성취감을 선사하는 가장 확실한 공부법이다.

Q 저는 왜 공부 잘하는 친구들처럼 '오래 공부'하지 못할까요?

A 열두 시간 이상씩 집중해서 공부하는 친구들을 보면 부러운 마음이 절로 든다. 그들은 대체 어떻게 그렇게 공부할 수 있는 걸까? 비결이 뭘까? 그런데 중요한 것은 공부의 기준을 '시간'으로 잡으면 안 된다는 것이다. 시간 가는 줄 모르고 게임에 몰입하는 이유는 '보스'를 잡기 위해서다. 열두 시간 공부하는 아이도 시간 자체를 목표로 삼지는 않았을 것이다. '오래 공부하려면 어떻게 해야 할까요?'는 올바른 질문이 아니다. '무엇을 어떻게 공부해야 할까요?'가 정확한 질문이다.

오래 공부하는 아이를 부러워하는 이유는 노력에 대한 정의가 잘못됐기 때문이다. 무작정 오래 공부한다고 해서 그게 노력은 아니다. 하루 이틀은 열두 시간씩 공부할 수 있을지도 모른다. 그건 공부 잘하는 아이에게도 특수한 경우다. 특이한 경우를 일반화하면 안 된다. 진짜 노력은 '지속'에 있다. 누군가 어제 열두 시간 공부를 했다고 하면 그건 부러워할 일이 아니지만 '매일' 네 시간씩 공부했다고 하면 그건 본받아야 할 자세다.

노력은 쇼가 아니다. 내게 두 시간밖에 안 남았다면 두 시간을 공부하면 된다. 네 시간이 있으면 네 시간을 하면 된다. 그 시간이 누적되면 어마어마해진다. 매일 하루도 빠짐없이 도망가지 않고, 합리화하지 않고 꾸준히 하는 것, 그것이 바로 진짜 노력이다.

Q 공부를 하는데 자꾸 '잡생각'이 떠올라서 공부 효율이 안 나와요.

A 그럴 때는 차라리 공부를 때려치우고 잡생각에만 집중해봐라. 본디 생각이란 가만히 놔두면 눈덩이처럼 커지는 속성이 있다. 작은 눈덩이가 데굴데굴 구르면 집채만큼 커지는 것처럼 잡생각도 그냥 놔두면 혼자서 굴러가서 나중에 보면 걷잡을 수 없이 커진다. 그렇기 때문에 아예 잡생각에 집중해서 작았을 때 잡는 편이 낫다. 잡생각은 눈앞에 하기 싫은 일이 있을 때 더 빨리 커진다. 생각을 떨치려고 할수록 더 빨리 불어난다. 더구나 잡생각이 들면 '오늘도 망했네' 하면서 자책감까지 겹친다. 그럴 바에는 차라리 공부를 잠시 멈추고 잡생각에 집중해보기 바란다. 집중적으로 생각하면 5분, 10분이면 끝낼 수 있다. 잡생각과 공부를 같이 하려고 하지 마라.

Q 집중이 중요하다고 하는데, 집중이 대체 뭔가요?

A 흔히 '몰입'을 집중이라고 생각하곤 한다. 그런데 공부에서 집중

이란, 몰입이 아닐 수 있다. 공부에서 집중이란 옆에서 무슨 소리가 들려도 공부하는 것이 아닐 수 있다. 서울대학교 학생들의 집중 행태를 보면 어느 순간 몰입을 하긴 한다. 깊게 몰입했다가 뒤로 빠져나온다. 산만하다고 할 정도로 잠깐잠깐씩 빠져나와서 뒤돌아본다. '내가 지금 잘하고 있나? 개념을 잘 파악하고 있나?' 확인한 다음에 다시 들어간다. 확인하고 몰입하는 과정을 반복한다. 몰입을 깊게 했는데, 만약 쓸데없는 방법으로 하고 있었다면 그건 시간 낭비다. 엉뚱한 방향으로 노력하면 헛수고밖에 안 된다. 확인한 다음에 빠져드는 것, 그것이 바로 공부에 있어서의 집중이다.

Q 끝까지 이해를 하려다 보니 공부에 투자하는 시간이 너무 길어요. 이렇게 시간이 오래 걸려도 괜찮나요?

A 이해를 잡아야 할까, 속도를 잡아야 할까. 이는 학생들에게 영원한 딜레마가 아닐 수 없다. 하지만 이해하느라 시간이 오래 걸리는 것이 장기적인 안목으로 보면 오히려 빠른 것임을 알아야 한다. 암기를 하면 그 순간은 빠르지만 망각을 하기 때문에, 다음에 또 공부하는 시간이 필요하다. 그러나 지금 시간이 들더라도 이해하면 나중에 또 보고 또 보면서 다시 시간을 쓸 필요가 없고 그 순간에 끝이 난다. 길게 보면 지금 오래 걸려도 이해하는 것이 이득인 것이다.

또한 지금 느리다고 해서 영원히 느린 것도 아니다. 점점 이해에 드는 시간이 짧아진다. 이해를 하면 할수록 스키마, 즉 구조화된 지식이 뚜꺼워지기 때문에 '왜, 왜, 왜'를 덜 물어도 된다. 이해하기 힘들다고 해서 겉핥기만 하면 영원히 근육을 키울 수 없다. 지금의 지루함과 불안함을 견디면 속도도 빨라지고 효율도 높아지는 새로운 세계가 열린다. 반복 암기는 위험하고 어려운 일일뿐더러 불가능하다. 느리더라도 이해와 능력 위주로 끈기를 갖고 실천해야 한다.

Q **'공부해야 하는데' 머리로는 생각하지만 몸이 안 움직여요.**

A 왜 지금 바로 실행하지 못하고 게을러지는 걸까? 그것은 공부가 지금 당장 1초 뒤에 변화를 주지 않고 너무 먼 미래에 영향을 주고, 그 영향이 명확하게 그려지지 않기 때문이다. 그래서 많은 학생이 공부를 하지 않고 하루를 그냥 흘려보낸다. 그렇기 때문에 첫 번째 해법은 미래를 되도록 '손에 잡히도록 구체적으로' 그려보는 것이다. 내가 하고 싶은 것, 내가 되고 싶은 것, 미래에 내가 있고 싶은 장소 등등을 그려보면 지금 하는 공부가 어떤 영향을 미칠지가 조금은 더 명확하게 잡힌다. 그리고 두 번째는 '나는 왜 이럴까, 공부 해야 하는데' 하는 생각을 하지 말고 지금 바로 일어나서 일단 시작하는 것이다.

아무리 하기 싫어도 일단 시작하고 억지로 30분만 하다 보면 하게 된다. 집에서는 손도 까딱하기 싫지만 어떻게 해서든 헬스장에 가면 운동을 하게 되는 것과 동일한 이치다. 자동차도 출발할 때 엔진이 가장 힘을 많이 쓴다. 첫 바퀴가 돌아갈 때 힘이 가장 많이 든다. 하지만 시작하고 나서 단계가 올라가면 그다음부터는 수월해진다. 시작 자체가 동력이 되는 것이다. 시작을 하고 나서 지쳤을 때는 다시 이 노력이 내 실력을 어떻게 키우고 나를 변화시킬지를 떠올려라. 그러면 공부시간이 30분에서 한 시간, 한 시간에서 한 시간 반으로 늘어날 수 있다.

Q 지금부터 공부를 하긴 할 건데, 하면 성적이 오르긴 할까요?

A 솔직히 말해서 공부를 못하다가 나중에 역전하는 경우가 그렇게 많지는 않다. 그러나 분명히 있기는 하다. 데이터만 본다면 '가능하다'고 답할 수밖에 없다. 뒷심을 발휘해서 역전을 하는 아이들에게 선천적으로 천재성이나 성실성이 있었던 것도 아니다. 평범한 아이들이다. 그렇기 때문에 '지금부터라도 공부하면 누구라도 성적이 오른다'라고 답할 수 있다.

한번 생각해보자. 지금까지 공부를 안 했다면, 안 되니까 안 한 걸까? 아니면 안 하니까 안 된 걸까? 원인과 결과를 거꾸로 생각하는 사람이 너무 많다. 해도 해도 안 되는 게 아니라 안 해서 안 됐던 것이다. 근거도 없이 스스로 안 될 거라고 생각한 것이다. 계속 안 될 거라고 의심만 하면 실제로도 그럴 수밖에 없다. 덮어놓고 일단은 된다고 믿고 시작할 일이다.

Q 전 과목을 균형 있게 공부하는 게 맞나요?

A 국 : 수 : 영 : 사 : 과 = 1 : 1 : 1 : 1 : 1 배분은 절대 안 된다. 1/n로 나눠서 공부할 게 아니라 자신의 실력을 파악해서 못하는 과목에 더 시간과 노력을 들이고 잘하는 것은 줄이는 것이 맞다. 공부는 마음이 아니라 머리로 하는 것이다. 사람에게는 보통 잘하는 것을 자꾸 더 하고 싶은 심리가 있다. 기분이 좋아지기 때문이다. 못하는 것은 하기 싫어지는 게 사람 마음이다. 자꾸 틀리니까 하기 싫어지는 것

이다. 그럴수록 못하는 것에 더 신경을 써야 한다. 다만 국어, 영어, 수학은 '저장'의 영역보다 '능력'의 영역이 훨씬 크기 때문에 매일 꾸준히 공부해야 한다. 공부하는 시간을 좀 줄이더라도 매일 베이스로 깔아줘야 한다.

Q 수학 개념서는 7회독, 8회독을 해야 하나요?

A n회독을 강조하는 사람들이 있는데 이 공부법은 무의미하고 비효율적이다. 반복만이 살 길이라면서 암기하라고 말하는 것과 다름없다. 공부는 암기가 아니라 이해를 기본으로 해야 한다. 개념을 머릿속에 넣고 이해하면 한 번만 봐도 외워진다. n회독은 비효율적이고 무식한 성실성으로 공부하는 안타까운 '턱걸이 상위권들'이 자랑하는 공부법이다. '어차피 다음에 또 볼 거니까'라고 생각하면 집중력도 흐려지기 마련이다. 이해하느라 시간이 걸리고 조바심이 난다고 해도 그 자리에서 바로 해결해야 한다. 원 샷 원 킬, 한 번에 이해하고 끝내야 한다. 지금 보는 이 부분을 찢어서 버려도 된다고 생각하고 다시는 보지 않는다는 마음으로 이해해라.

Q 질문만 잘해도 공부가 쉬워진다는데, 질문할 때 유의해야 할 것이 있을까요?

A 답변자가 별로 도움이 안 되는 말을 하거나 동문서답을 하면, 보통은 답변자의 잘못이라고 생각하기 쉽지만 의외로 질문 자체가 잘못됐을 수 있다. 학생의 경우는 80~90%가 그럴 가능성이 있다. 질문이란 타인에게 나의 궁금증을 물어보는 것이다. 여기서 포인트는

'타인에게'이다. 답변하는 사람은 내가 아니기 때문에 나의 사고 과정과 상황을 모를 수밖에 없다. 그래서 맥락을 다 빼놓고 질문하면 상대방은 제대로 답변을 할 수가 없다. 내가 아는 것을 다른 사람도 당연히 알 것이라고 생각해서는 안 된다. 질문할 때는 내 머릿속을 블랙박스로 만들면 안 되고 답변자가 훤히 들여다볼 수 있게 해줘야 한다. 그래야 궁금했던 부분을 대답해줄 수 있다. 그렇기 때문에 '설명한다'는 생각으로 질문하는 것이 가장 좋다. 답변자는 내가 아니기 때문에 지금의 내 상황을 알 수 있도록 충분히 설명하면서 물어야 한다.

— 출처 : 유튜브 StudyCode

에필로그

내 아이가 자책하지 않도록 지지해주기

조남호 코치는 공부의 본질인 '코드'를 수도 없이 강조했다. 그리고 '방법을 알면 누구나 해낼 수 있다'고 역설했다. 무엇보다 중요한 것은 스스로에 대한 믿음과 아이에 대한 부모의 믿음이라고 했다. 그 마음이 옅어지지 않기를 바라며, 혼공 프로젝트와 책 집필에 많은 도움을 준 조남호 코치의 말로 책을 마무리하고자 한다.

'나는 혼공이 안 돼, 자기주도학습 못 해'라고 자책하고 비관하지 않아야 한다. 무엇보다 나를 포기하지 않는 것, 나를 한계 짓지 않는 것이 가장 중요하다. 나 역시 고등학교 후반에 이르러서야 혼자 공부하는 법을 깨달았다. 수능시험까지 1년은 정말 아슬아슬한 시간이었다. 어쩌면 서울대학교에 합격 못 했을 수도 있다. 6개월만 늦게 깨달았어도 분명 떨어졌을 것이다. 하지만 설사 서울대에 떨어졌다고 해도 아마 나는 웃으면서 평생 자존감을 가지고 살았을 거라고 생각한다. 왜냐하면 공부하는 방법을 몰랐을 뿐이지, 선천적으로 공부를 못하는 바보는 아니라는 걸 깨달았으니 말이다.

내가 못나서 못하는 거라는 자기체념에 빠지면 노력하는 것 자체가 겁이 나는 것이다. 혹여 100% 노력했는데도 성적이 나오지 않을까 봐 겁이 난다. 열심히 하지 않아서 성적이 안 나오면 '내가 열심히 안 해서 그런 거지'라는 핑계나 도망갈 구석이 있지만, 정말로 최선을 다했는데도 성적이 안 나오면 피할 도리가 없기 때문이다. 그래서 두려움에 노력을 하다가도 무의식적으로 그만둬버리고 만다. 자신을 보호하기 위한 방편으로 게으름을 택하는 것이다. **매일매일 자기확신을 쌓아가면서 내가 괜찮은 사람이라는 것을 확인할 수 있어야 한다.** 스스로에 대한 믿음이 있다면 지금 상황이 어떻든 헤쳐나갈 수 있다. 만약 지금 혼공이 안 된다면 그건 방법을 몰라서 그럴 뿐이다. 다른 사람이 혼공은 아무나 하는 게 아니라면서 깎아내려도, 너는 안 될 거라고 단정해도 동요할 필요가 없다. 스스로를 믿으면서 한 걸음씩 나아가면 된다.

부모님에게는 이런 말씀을 드리고 싶다. 부모님이 해줘야 할 일은 학원을 알아봐주고 좋은 선생님을 찾아주는 것, 옆에서 아이를 관리하고 코치해주는 것이 아니다. 부모님이 아이에게 제공해야 할 단 하나는 믿음이다. 아이를 믿어줘야 한다. 한 걸음 뒤로 물러나서 아이를 믿어주기 바란다. 그러면 이런 말을 하는 어머니들이 있다.

"그런데 공부에는 자극도 좀 필요하잖아요. 오냐 오냐 믿어줬다가 애가 풀어지면 어떻게 합니까?"

아마 많은 부모가 그런 생각을 할 것이다. 하지만 공부에 대한 자극은 밖에 그야말로 넘쳐난다는 것을 알아야 한다. 학교와 학원이 이미 자극의 왕국이다. 아이들은 매일 '너는 왜 이렇게 공부를 못하니?', '너는 안 될 거야', '성적 좀 올려!'라는 말을 듣고 산다. 게다가 학원에 가면 등급별로 클래스까지 나눈다. '너는 A반에 들어갈 실력이 안 되니까 C반으로 가!'라는 말을 아이들은 매일같이 듣고 온갖 차별과 상처를 받는다. 상상해보라. 사랑하는 내 아이가 밖에서 매일 피투성이가 돼서 집에 돌아온다는 사실을 알아야 한다. 그런 아이에게 부모가 장대를 들고 한 번 더 찌르면 안 된다. 부모는 아이의 상처를 어루만져주고 그 피를 닦아줘야 한다. 그게 부모가 할 일이다. 그리고 아이에게 이렇게 말해주기 바란다.

"엄마는 믿어. 너는 지금 좀 느릴 뿐이야. 느려도 괜찮아. 엄마는 네가 할 수 있다고 믿어."

부모의 그 믿음 하나만으로도 아이들의 눈빛이 바뀐다. 사람들은 나를 두고 최고의 입시 전문가라고 하지만 내가 할 수 있는 것에는 한계가 있다. 부모님들은 나보다 더 위대한 것을 할 수 있다. 공부에 대한 막연함 때문에 답답해하고 있는 아이들을 매도하지 말고, 포기하지 않는 것. 아이들은 방법만 알면 누구나 혼자 공부할 수 있다.

최상위권 학생들의 학습 비밀
혼공코드

초판 1쇄 인쇄 2021년 7월 5일
초판 1쇄 발행 2021년 7월 15일

지은이 | SBS 스페셜 〈혼공시대〉 제작팀 홍주영
펴낸이 | 김동균
펴낸곳 | (주)DKJS
출판등록 | 2009년 11월 18일(제2009-000323호)
주소 | 서울특별시 강남구 강남대로 84길 23 1408-2호
전화 | (02)552-3243 **팩스** | (02)6000-9376
이메일 | plus@dkjs.com

ISBN | 97911-959777-6-5 (13590)

SBS 〈SBS 스페셜 지금은 혼.공.시대 — 당신의 아이는 혼자 공부할 수 있습니까?〉
Copyright ⓒSBS

* 이 프로그램의 단행본 저작권은 SBS를 통해 저작권 이용허락을 받은
  주식회사 디케이제이에스에 있습니다. 저작권법에 의해 보호를 받는 저작물이므로
  무단 전재와 무단 복제를 금합니다.

* 파본이나 잘못된 책은 구입하신 곳에서 교환해드립니다.
* 책값은 뒤표지에 있습니다.